清·陸隴其 撰

三魚堂剩言

中國書店

詳校官御史臣莫瞻菉

臣紀昀覆勘

欽定四庫全書　　子部一

三魚堂賸言　　儒家類

提要

臣等謹案三魚堂賸言十二卷

國朝陸隴其撰本名日抄皆平時劄記之文未分門目其甥金山陳濟排次成編雖亦不立標題而推求其例則一卷至四卷皆說五經五卷六卷皆說四書而附太極圖說近思録

小學數條七卷八卷皆說諸儒得失九卷至十二卷皆說子史而亦間論雜事昔朱子博極羣書於古今之事一一窮究其原委而別白其是非故凡所考論悉有根據不為懸揣臆斷之談隴其傳朱子之學為

國朝醇儒第一是書乃其緒餘而于名物訓詁典章度數一一精核乃如此凡漢注唐疏為講學諸家所不道者亦皆研思探索多所取

裁可知一代通儒其持論具有本末必不空言誠敬屏棄詩書自謂得聖賢之心法其于朱陸異同非不委曲詳明剖析疑似而詞氣和平使人自領亦未嘗堅分壁壘以詬厲相爭蓋諸儒所得者淺故爭其名而不足罷其所得者深故務其實而有餘觀于是編可以見其造詣矣乾隆四十九年閏三月恭校上

總纂官臣紀昀臣陸錫熊臣孫士毅

總校官臣陸費墀

欽定四庫全書

三魚堂賸言卷一

監察御史贈内閣學士陸隴其撰

閱天原發微鮑寧辨正曰朱子易本義以陰陽之變解易字以陰陽之理名太極則太極為易之本明矣節齋蔡氏謂易乃太極之所自出又解易字作無極字則易反在太極之先矣豈不大乖乎節齋又云主太極而言則太極在陰陽之先主陰陽而言則太極在陰陽之内

亦非朱子太極無不在之意而未知理氣本無先後也

節齋又謂陰靜陽動靜者常偏居動者常去來與周子

一動一靜互為其根之旨亦不同而天原發微皆承其

謬而未之正辨正極有功於發微　偶思乾南坤北而

交則應乾北坤南然後天方位乾西北坤西南各退位

居之者想是日中則昃月盈則虧怕處其盛之意

雲峰胡氏云朱子嘗欲於方圓圖內取出方圖在外庶

圓圖虚中以象太極然愚意取出方圖固足以見太極

之虛置一方圖于內尤足以見太極之虛而實

易有三百八十四爻凡一事便有三百八十四樣看這事做的是何人這箇人所處是何位所遇是何時

看復卦咸卦見朱子於復卦象註曰安靜以養微陽也於咸卦初爻註曰此卦雖主於感然六爻皆宜靜而不宜動也復之安靜是言初動之時宜靜以養之咸之宜靜是言當動之際宜靜以審之皆是周子主靜中意而周子之主靜則又不止於此也

皐陶言載采采第一箇采字即是視其所以第二箇采字便有觀由察安

大禹思日孜孜躬陳治水之績不以為嫌與趙充國不用浩星賜之計同一老臣保治之志

看徐九一書經大全禹貢恒衛既從註唐割鹿城置鹿渾縣渾似當作澤又邢趙深三州為大陸者得之邢似當作祁查一統志可見

孫北海禹貢考謂碣石現在永平未嘗淪入于海此似

其獨得之見夏彝仲禹貢注亦未之知也

禹疏九河當時必更有蓄泄之法葢河者不可不分亦不可分者也不分則勢盛而易潰分則流緩而沙淤故分亦決不分亦決者也禹既疏九河必立蓄泄之法如令之閘座然水大則通之以殺其勢水緩則閉之而勿分其力三代以下守其法所以無河患後世廢之則潰決而不可為矣愚因潘季馴之治河而悟及于此

閱咸有一德蔡註恍然有悟予向疑一貫之旨孔門自

曾子而外不輕以示人而伊尹輒以告太甲曰善無常主協于克一得無疑其躐等無序乎細玩無自廣以狹人之註然後知其用功之要全在乎此而所謂協于克一者乃是教以立志必期至乎此而非其下手工夫也

蔡註體會及此可謂精矣　夫子告哀公曰所以行之者一亦是此意而必繼之曰凡事豫則立又繼之以擇善固執皆是下手工夫

講麟之趾振振公子見得公子之氣習是最難仁厚的

此不是文王后妃之德不能到此

騶虞壹發五豝朱傳於庶類繁殖見其仁註疏以不盡殺見其仁不如朱傳之大

看左傳伶州鳩論景王鑄大鐘悟詩所云無田甫田惟莠驕驕即是此理若讀書人不知循序漸進之法便為伶州鳩甫田詩人所譏

看唐風山有樞講章云忌作晉人曠達語乃知此詩與古詩所云生年不滿百常懷千歲憂晝短苦夜長何不

柬燭遊大相遠葢惟恐儉不中禮則虛過一生急欲自範於禮有朝聞夕死可矣之意是相勉以好樂無荒之樂非相勉以衣裳楚楚之樂不是要及時行樂是要及時行禮正所謂憂深思遠也蟋蟀之憂深思遠葢惟恐解其拘者或失於縱廣其儉者或荒於奢山樞之憂深思遠則又鞭策之使急歸於不拘不縱不儉不奢之域也有蟋蟀之憂則不至於矯枉過正矣有山樞之憂則不至於因循不斷矣他人是愉亦不是怕落他人手是

是恐他人矯我之枉遂至于奢縱

看詩變伐大商朱子以順天命解變字註疏則以國語伶州鳩之言五位三所者解之便如今星家之講命一般是漢儒之不如宋儒處

詩庤乃錢鎛奄觀銍艾錢以啓土鎛以去草銍以穫稻錢又謂之銚又作鍬又即臿蓋即今南方所謂鏵也鎛又謂之鋤又作鉏今南北皆謂之鋤但南狹而北濶耳銍又謂之鐮錢鎛銍皆在耒耜之外今之犂乃耒耜之

變古人不用牛耕故不曰犂而曰耒耜見周禮匠人註疏 按今犂頭鐵器及下種之器名樓者其頭上樓北人皆謂之鏵然則銚與鏵即耒與耜三才圖會下種器名樓車

緣衣章朱子既不依註疏繹祭之說而門堂二字尚仍註疏之舊而偶未改蓋正祭省器在廟堂不於門堂見詩經說約顧麟士亦引魯詩世學甚矣僞書之易悮人也

明舒芬謂周禮者至誠盡性之書也又謂周禮與儀禮戴記猶蜀之於吳魏也賈氏以儀禮為本周禮為末謬妄已甚朱子乃不正之是其所惑也舒氏尊周禮是也而以此抑儀禮則過矣其尊周子而貶程子亦是此病

三魚堂賸言卷一

欽定四庫全書

三魚堂賸言卷二

監察御史贈内閣學士陸隴其撰

看左傳疏孔穎達序謂賈逵服虔之徒雜取公羊穀梁以釋左氏方鑿員枘杜元凱左氏集解專取邱明之傳以釋孔氏之經所謂以膠投漆愚因思今日講程朱之學而雜取象山陽明之説是猶賈服之訓左傳也

又杜序疏云史非一人辭無定式故日月參差不可齊

等及仲尼修改因魯史成文舊有日者因而詳之舊無日者因而略之旣自有詳略不可以爲褒貶故春秋諸事皆不以日月爲例其以日月爲義例者惟卿卒日食二事而已故隱元年冬十有二月公子益師卒傳曰公不與小斂故不書日桓十七年冬十月朔日有食之傳曰不書日官失之也二條以外皆無義例公羊穀梁之書或日或月妄生褒貶先儒溺于二傳橫爲左氏造日月褒貶之例又曰春秋無日無月者十有四月無時者

二或史文先闕而仲尼不改或仲尼備文而後人脫誤
此皆說得最是
周禮有太史小史内史外史孔疏謂諸侯無内外史然
劉炫引康誥太史友内史友似諸侯有内史矣則曰徧
舉記傳諸侯無内史之文又季孫名外史掌惡臣言外
史似有内史矣則曰外史猶史居在南謂之南史耳南
史當是小史南史外史非官名也又左史右史亦非史
官之名也皆能自伸其說　藝文志云左史記言右史

記事玉藻云動則左史書之言則右史書之二文不同孔疏以陰陽動静之理推之而主玉藻又云周禮諸史雖皆掌書仍不知所記春秋定是何史

又疏云春秋之文詳略不等螟螽蜚蜮皆害物之蟲蜚蜮言有螟螽不言有諸侯反國或言自某歸或言歸自某晉伐鮮虞吳入郢直舉國名不言將帥及郊與用郊皆無所發諸侯出奔或名或不名是其史舊有詳略義例不存於此故不必皆改也此亦去了許多葛藤

杜序謂發傳之體有三疏云是發凡正例新意變例歸趣非例三者所云發凡正例者傳稱凡者五十先儒多云郎明以意作傳無新舊之例惟杜則云發凡言例是周公垂法史書舊章所云變意新例者經文顯者傳本其纖微經文幽者傳闡使明著有自發大義者有史所不書即以為義者皆是新意所謂歸趣非例者經無義例不著善惡故傳直言其指歸趣向而已非褒貶之例也此三者括盡春秋之大綱

又杜序云爲例之情有五疏云五曰懲惡而勸善者與上微而顯不異但勸戒緩者在微而顯之條貶責切者在懲惡勸善之例先儒發例如此者甚多朱子於戒慎恐懼中提出慎獨即此意也

杜氏駁去素王素臣黜周王魯之說最有功於春秋

春王正月之說當折衷於程朱是周正非夏正

吳志尹春王正月辨三篇大意謂春秋自主周正若周禮則以夏正雜周正詩歌所詠則如今人稱攝提孟陬

等語不泥昭代時令安得以周禮豳風而并疑左傳春秋諸書乎又謂商周改時月秦改歲始不改時月亦不得强合而一之以致彼此交疑其言商亦改時月者則據梓慎云于夏為三月于商為四月于周為五月漢律歷志云夏為十月商為十一月陳寵云陽氣始萌天以為正周以為春陽氣上通地以為正殷以為春陽氣已至人以為正夏以為春有此數據則殷之改時改月可知書之言惟元祀十有二月者令于月耳即位宜于歲

首而不於歲首未踰年不應改元而改元則夏忠商質亦難以周禮証夏商也若夫秦則改年始而不改時月以閏月為後九月史記確有所據而文穎顏師古輩泥商周改月之見更謂秦以十月為正月若史家所載皆太初時追改非當時本稱則又拘矣其論甚辯然吾謂梓愼陳寵之言或以夏周之時月而遥推商之時月亦未可知難定謂改時改月商周則同踰年改元商周則異總之古事難以臆斷也

孔疏論鄭伯克段只譏其失教而以處心積慮之說為非最是覺伯恭博議未免過當

閱杜註弔生不及哀疏中詳言其既葬除喪之意此杜註之最差處

隱三年日食條下引襄廿二年九月十月皆日食廿四年七月八月皆日食註疏皆不能言其故此誠不可解

註疏曲沃即聞喜也而今則曲沃聞喜為二縣翼即絳也而今則翼城絳州為一州一縣又按疏唐叔始封在

太原晉陽縣則今之太原府也成侯徙曲沃穆侯徙絳則今之絳州其後又遷新田則今之絳縣皆在平陽府葢益遷而西南去始封之都甚遠

孔疏論董狐書法不隱孔子稱為良史而春秋魯君見弑左氏以為諱國惡禮也見仁非一塗此論亦最是

僖元年諱國惡下孔疏說得此意尤精

閔孔疏論桓不書王穀梁以為桓無王故不書王杜氏以為王不頒歷故不書王劉炫以為闕文三說未敢定

為孰是但劉據襄二十七年哀十二年傳稱司歷過也杜氏釋例皆指為魯司歷似歷非王朝所班且子朝之亂王位且未定何能班歷而亦書王駁得甚是孔氏則又以為歷或諸侯所為亦遙稟天子正朔子朝之亂經仍稱王不責人所不得也猶如大夫之卒公疾在外雖不與小斂亦同書日之限辨得亦最好

桓三年日食孔疏論所以食之故未甚明查通考交食之法自隋以前猶未詳著大抵朔望值交不問内外入

限便食惟隋張胄元獨得其妙以爲日行黃道月行月道交絡黃道外十三日有奇而入經黃道謂之交若月行内道在黃道之北則食多有驗月行外道在黃道之南雖遇正交無由掩映食多不驗孔氏去隋尚近看來猶未通此法其云食有上下者行有高下謂月在日南從南入食南下北高則食起于下月在日北從北入食則食發於高比恐亦未確　昭七年疏云每一百七十三日有餘則日月之道一交交則日月必食可見孔氏

尚未知張胄元之法

有年大有年之書先儒云桓宣不宜有而有杜孔皆不主此說頗覺平正

左傳春蒐夏苗秋獮冬狩此是以夏時言觀桓四年春公狩于郎經傳可見杜註亦云田狩從夏時

桓五年州公如曹疏引鄭玄云殷地三等百里七十里五十里武王克殷雖制五等之爵而因殷三等之地及周公制禮大國五百里小國百里所因殷之諸侯亦以

功黜陟之是以周世有爵尊而國小爵卑而國大者爵尊國小蓋指州公虞公也此一段大抵欲調停王制周禮之異同也然尚説得未明因其言推之蓋百里七十里五十里者初封之制也五百至百里者黜陟之制也公侯之地百里有功則可加至五百里四百里伯七十里有功則可加至三百里子男五十里有功則可加至二百里一百里若如州虞之屬未嘗加者仍其始封之地而已

閱孔疏論啓蟄而郊明堂位言周之正月郊者蓋春秋之末魯稍僭侈見天子冬至祭天便以正月祀帝記者不察其本遂謂正月為常又鄭玄註書多用讖緯言天神有六地祇有二天有天皇大帝又有五方之帝地有崑崙之山神又有神州之神大司樂冬至祭于圜邱者祭天皇上帝月令四時迎氣於四郊者祭五德之帝蒼帝其名曰靈威仰赤帝曰赤熛怒黃帝曰含樞紐白帝曰白招拒黑帝曰叶光紀魯無冬至之祭惟祭靈威仰

焉惟鄭玄立此爲義而先儒悉不然故王肅言天體惟一安得六天也晉武帝王肅之外孫也泰始之初定南北郊祭一地一天用王肅之義杜君身處晉朝共遵王說集解釋例都不言有二天然則杜意天子冬至所祭魯人啓蟄而郊猶是一天但異時祭耳此註直云祀天南郊不言靈威仰明與鄭異也觀此可見註一書必知此書之來歷

查一統志雲夢澤在德安之安陸縣南五十里又云在

荆門州北連德安府雲夢界考此二處去江尚遠不知何以古云跨江南北　查德安亦古江夏地故註云在江夏安陸枝江華容以地勢言之則雲夢又在洞庭之西

閱左氏鄧曼論楚子一段有感於持盈之道向讀所謂余心蕩者未知如何謂之蕩杜註謂蕩動散也動散二字與主一無適正相反臨事而思慮散亂不能專一是之謂蕩非必荒淫放佚然後為蕩也然以為盈而蕩者

則又何故夫思慮散亂之人必隱然有一段自滿之意若以目前之事為不難而旁思横想浸淫至于不可收拾非精神耗散而喪身則謀為顛倒而僨事然則鄧曼何不於王前一言提醒使之收拾其心以幹大事而惟退而竊歎也曰鄧曼亦必言之而史不及詳然亦知雖言之而非一時所能收拾甚矣盈之為害也蓋楚子之心蕩亦猶莫敖之舉趾高也然莫敖之病淺可以威救之楚子之病深非一時箴儆所能愈惜乎鄧曼不能見

之於早至于此而後知之也

莊二十五年日食孔䟽云古之歷書亡矣漢興以來草創其術三統以為五月二十三分月之二十而日月交會近世為歷者皆以為一百七十三日有餘而日一食觀此條益知孔䟽猶未達隋張胄元交食之法

莊二十六年晉士蔿為大司空孔䟽云晉自文公以後世為盟主征伐諸國卿以軍將為名司空非復卿官故文二年司空士縠非卿也雖則非卿職掌不異成十八

年傳曰右行辛為司空使修士蔿之法是其典事同也觀此知當時官制變革名同實異　成二年晉司馬司空皆受一命之服疏云司馬司空本是卿官之名但晉之諸卿皆以三軍將佐為號其司馬司空皆為大夫之官

孔疏以筮短龜長為卜人假託之詞而非正理最是又云臭是氣之總名原非善惡之稱但既謂善氣為香故專以惡氣為臭說臭字亦最明

僖九年甲子晉侯詭諸卒孔疏云春秋之世史失其守赴告之文多違禮制計諸侯之薨當以其薨之月日告于隣國隱三年傳曰壬戌平王崩赴以庚戌故書之是赴者妄稱日也襄二十八年傳曰王人來告喪問崩日以甲子告故書之是元赴不以日被問乃稱日也文十四年傳曰七月乙卯夜齊商人弒舍齊人定懿公使來告難故書以九月是赴者不言死月魯史不復審問即書以來告之月也此甲子晉侯卒蓋赴以日而不以月

魯史不復審問書其來告之日惟稱甲子而已不知甲子是何月之日故戊辰後也按此外如晉惠公卒于僖二十三年九月而經書于二十四年之冬孔疏皆云是因赴告而然顧寧人乃據僖五年殺太子申生九年弑卓子十年殺丕鄭十五年戰韓原經傳日月錯互謂是晉用夏正恐不其然雖有竹書紀年之証然竹書恐是僞作

味韓簡對晉惠之言見著龜能知吉凶不能變吉凶味

内史叔興論宋襄之言知灾異由陰陽而見不由陰陽而生皆卓然明理之言叔興之言服虔劉炫所解勝於杜氏杜氏將陰陽吉凶各作一項説而以洪範之咎徵及傳所云亂則妖灾生皆歸之神道設教而非實辭恐涉於王介甫天變不足畏之説孔疏兩載其義而不敢斷蓋亦知杜氏此説有病也

子玉不肯以瓊弁玉纓祀河子産不肯以瓘斝禳火事相類而不同者子産是恐以鬼神而廢人事子玉是不

知借鬼神以安人心孔疏說得甚明

左傳襄王出居于氾杜註云是南氾在襄城縣南秦軍氾南杜云是東氾在滎陽中牟縣南皆屬鄭地皆音凡然今鄭州氾水縣土人又讀作已不知何故查正韻氾音凡在覃韻氾音已在紙韻二字不同據襄廿六年疏在中牟襄城者是地名在成臯者是水名成四年晉伐鄭取氾祭孔疏云杜註中牟縣有東氾襄城縣有西氾知此氾祭非彼二氾而以成臯縣東有氾水者以晉人所取當

是鄭之西北界即今氾水也字書水旁已為氾水旁氾為氾相亂也　查韻會舉要成皐之氾水音似從已襄城之氾水音凡從已漢高即位之氾亦從已而音泛曹咎自剄之氾水則即成皐之氾水也　又衛懿公與狄戰滎澤杜註云在河北而一統志即指為鄭州之滎澤縣則在河南矣

僖三十年魯饗周公閱有白黑形鹽註云白熬稻黑熬黍疏云穀之白黑惟稻黍為然予猶憶李子正云北方

之細米即稷高粱即黍也又有一種呌黄米者似細米而稍大以孔疏之言證之誠然但以律管累黍之義考之則高粱恐未必是圓當再考

甯武子不肯祀相而子產勸晉祀鯀孔氏疏亦未甚明

三魚堂賸言卷二

欽定四庫全書

三魚堂賸言卷三

監察御史贈内閣學士陸隴其撰

閱左傳文元年閏三月哀二十七年十一月辰在申昭二十年二月日南至哀十二年十二月螽知春秋時閏法差錯最多所以杜預作長歷止就春秋日月考其節候最爲有見孔疏論之亦最詳後世乃欲以春秋驗歷法或欲以歷法証春秋皆見笑於杜氏者矣

文二年孔疏云鄭元以明堂在國之陽與祖廟别處左氏舊説及賈逵盧植蔡邕服虔等皆以祖廟與明堂爲一故杜同之孔之尊杜最至

寗嬴論剛克柔克俱在修己上説與書解不同而自不相背

晉大夫莫賢於士會父子而范氏不能如韓魏之盛考杜註士會係士蔿之孫宜其後之不昌矣然猶有數世之久則士會父子挽回造化之力也是猶宣德弘治之

繼永樂與

文六年閏月不告朔孔疏云必于月朔為此告朔聽朔之禮者人君遠細事以全委任之責而又恐移聽于左右故因月朔會羣吏而聽大政非徒議將然也乃所以考已然又惡其密聽之亂公也故顯衆以斷之玩此一段可以識政體

閱左傳文公四不視朔夫不視止於四則視朔之時多矣不知告朔之禮自何年始永廢並不見經傳而論語

註云魯文始不視朔蓋其端自此開也

葛藟猶能庇其本根疏云比之隱者謂之興興之顯者謂之比說比興甚好

孔疏疑鄭瞞之種類太奇又疑其處者為劉氏一句似漢儒之附會疑得亦是

成二年孔疏大路二字草木是卿大夫車之尊者鄭子蟜叔孫穆子受之于王皆稱大是也金路是諸侯車之尊者亦稱大定四年大路大旂是也玉路天子車之尊

者亦稱大顧命大路在賓階面是也又成六年辨內朝外朝凡人君內朝二外朝一內朝二者路門內外之朝也外朝一者庫門外之朝也若諸侯三門臯應路外朝則在應門外魯之三門庫雉路則外朝在雉門外如此之類不看註疏如何得明

夫子論治必先富之然韓獻子曰國饒則民驕佚敬姜曰沃土之民不材蓋聖人原重本富不重末富

欒武子善鈞從衆一言與子犯師直為壯之說同稱妙

絶逢滑論禍福楚子囊言君命以共亦是這箇派頭

孔疏許令穎川許昌是也漢世名許縣耳魏武改曰許

昌靈公遷葉悼公遷夷一名城父又居析一名白羽許

男斯遷容城按一統志許昌即開封府許州葉即南陽

府裕州葉縣城父在汝州白羽即鄧州内鄉縣皆是楚

地蓋許自葉而夷而析雖名為國其實是楚之縣矣戰

國之滕若欲遷時亦是如此想太王之遷亦必奉命於

殷亦是此局面

成七年申公巫臣以兩之一卒適吳舍偏兩之一焉疏云惟言留一偏不見原將車數不知去時幾乘車去也卲明為傳辭皆易解此獨蹇澁或誤玩以可見文無起伏照應便屬蹇澁

讀季文子對韓穿之言至信以行義一句因思當時最重在信然所謂信只是克踐其言世儘有言之克踐而心實虛浮者所以聖人言信必繫連忠字此是王伯之辨然聖門所以必言忠信者又不是只怕人信而不忠

蓋亦怕人忠而不信世有一等人心實無私而力量未足外反為遺漏此又是學問疎密之辨學者所當致力

雖忠而不信也叫不得忠然分看却是二件

孔疏襄九年辨分野云天有十二次地有九州當彼十二次周禮雖云皆有分星不知其分誰分之也星紀在于東北吳越實在東南魯衛東方諸侯遥屬戌亥之次徒以相傳為說其源不可得而聞之蓋古之聖人有以度知非後人所能測也按孔氏不作斷語最是愚意此

必由歷代星官占驗而得之如某宿有變其驗恒在某國遂定以為此國之分星蓋非一人一代所能定也其理亦本不可解所謂星之與土以精氣相屬而不係乎方隅庶幾得之若唐一行山河兩界之說恐亦近穿鑿

襄九年左傳遇艮之八一句孔疏云謂艮之第二爻不變者是八也周易以變為占占九六之爻連山歸藏以不變為占占七八之爻此固是矣然傳只云遇艮之八而不云艮之第二爻是八亦未免蹇澁

查地圖山西河津縣是祖乙居耿之耿與解州鹽池相近左傳所謂沃饒而近鹽也觀此則殷之河患乃在山西

孔疏襄十一年作三軍云春秋之世兵革遞興出軍多少量敵强弱士卒之數無復定準成二年鞌之戰晉車八百乘計有六萬人惟三卿帥之此說甚明然復依鄭氏泥詩公徒三萬一言謂僖公時已有三軍自文公以來懼伯主之令軍多則貢賦多自減為二軍然其作其

舍不見於經者非是故有所舍故不書生出許多葛藤

孟氏使半為臣若子若弟叔孫氏使盡為臣此處文法亦甚蹇澁大意是言叔孫只取子弟不取父兄以季氏只得一半孟氏只取子弟之半以叔孫又只得一半若無昭五年傳則此處幾不可解　又秦后子十里舍車終事八反亦蹇澁

十二年疏因什吏二字知晉十人置吏異于周禮五人為伍之制亦最細

師曠論衛出君與孟子腹心手足之意一般春秋于此亦只書曰衛侯出奔齊然有以警其君而無以警其臣畢竟可疑　楚公子比鄭公子歸生齊陳乞本無其心必書曰弑正可與此同參

襄廿一年疏云杜解地邑自爲其例言在者指知其處言有者以示不審此例最好

孔疏襄廿二年御叔以臧武仲爲聖人云此聖字與周禮知仁聖義中和尚書惟狂克念作聖睿作聖詩人之

齊聖皇父孔聖諸聖字一例看最是
程鄭降階之言本屬善言然因其平素偃蹇知其决不
因學問而思謙退故曰不在程鄭必是勢窘而然
襄廿五年楚蔿掩度山林鳩藪澤辨京陵表淳鹵數疆
潦規偃豬町原防牧隰臯井衍沃賈逵以為此九事是
賦稅差品山林之地九夫為度九度而當一井藪澤之
地九夫為鳩八鳩而當一井京陵以下以次而重如周
禮一易再易不易之意杜孔雖不用其說然疏內仍詳

載之蓋左氏之言雖未必然然亦可見土田當分等則從古而然

然明謂視民如子見不仁者誅之子產喜其語而其告太叔則曰政如農功日夜思之吾于是歎子產之善用言也蓋愛民而惡不仁為政之道無出此矣而非思則愛惡或至於偏觀子產都鄙有章上下有服及處子析子南之際豈漫然愛惡者哉其得力於思深矣

襄廿七年傳云仲尼使舉是禮也以為多文辭疏云仲

尼見其事善其言使弟子舉是禮以為後人之法觀此則知禮記所述不必皆三代之制亦有春秋卿大夫所行而仲尼採之者

宋之盟叔孫以違命貶雖有小是不録杜預之説最是而疏闡之亦最明

晏子云在外不得宰我一邑句解云君出亡在外雖我一故邑尚不得主之況邶殿乎此説甚是疏以宰訓益以外為在邶殿之外覺費解

孔疏解大雅小雅云小雅所陳皆小事也大雅所陳皆大事也王道既衰變雅並作取小雅之音歌其政事之變者謂之變小雅取大雅之音歌其政事之變者謂之變大雅不復由政事之大小也又云正雅與二南同時故曰周德之衰杜註云衰小也言是周未盛大之時蓋杜註以季子之歎是歎正小雅服虔劉炫則以為歎變

小雅杜似長

亥有二首六身孔疏云古之亥字體殊不然蓋春秋時

亥字有二六之體異於古制亦異於小篆

蔿子馮之戒懼也而其子蔿掩至于被戮且掩又非不賢者甚矣權勢之不可戀也此叔孫昭子所以致歎于高彊也范武子之戒燮鄭公孫黑肱之貴而能貧有位者不可不三復

三魚堂賸言卷三

欽定四庫全書

三魚堂賸言卷四

監察御史贈内閣學士陸隴其撰

左傳昭元年子產曰君子有四時朝以聽政晝以訪問夕以修令夜以安身于是乎節宣其氣勿使有所壅閉湫底以露其體疏解之曰凡人形神有限不可久用神久用則竭形太勞則斃不可以久勞也神不用則鈍形不用則痿不可以久逸也固當勞逸更遞以宣散其氣

朝則聽政久則疲疲則易之以訪問訪問久則倦倦則易之以修令修令久則怠怠則易之以安身安身久則滯滯則易之以聽政以後事改前心則亦所以散其氣也此一段可與寛猛相濟之理同看而太史公自序所言蘇子瞻御試策所論皆偏矣上又露其體下即接以兹心不爽而昏亂百度疏云神隨形而盛衰既露其體則神識亦弱

申豐論雹孔疏引鄭康成云國之失政君子知其大者

其次知其小者夫深山窮谷固陰沍寒極陰之處冰凍所聚不取其冰則氣蓄不泄凝結而為伏陰雨水而伏陰薄之則凝而為雹詳載申豐之言以著藏冰之禮不可廢其實雹不是盡由冰亦政失所致也吾於此知所謂不賢者識其小者執其一隅之見而未知道之大端然道未始不在此也又于此知古人之燮理陰陽周密無遺

觀毀中軍于施氏成諸臧氏知季氏之巧於卸罪欲名

實兼收

女叔齊之論儀與北宮文子之論儀淺深不同而各極其妙

叔向論鑄刑書孔疏有二意其前則曰伊訓云先王肇修人紀制官刑穆王作呂刑周禮司刑掌五刑之法皆是豫制刑矣而云臨事制刑不豫設法者聖王雖制刑法舉其大綱但共犯一法情有淺深或輕而難原或重而可恕聽其時事議其輕重雖依準舊條而斷有出入

不豫設定法告示下民令不測其淺深常畏威而懼罪也其後則曰子産鑄刑書而叔向責之趙鞅鑄刑鼎而仲尼譏之如此傳文則刑之輕重不可使民知也而李悝作法蕭何造律頒于天下莫之能革以令觀之不可一日而無律也斯有旨矣古者分地建國奕世相承知國為吾土衆實吾民不生殘賊之意故得臨事議罪秦漢以來長吏以時遷代其民非復已有若任其縱舍必將喜怒變常愛憎改意不得不作法以齊之此又是一

意前説勝愚常云律可定而例不可定前説正是愚意

白狄有二有在晉之東者昭十二年註所謂鮮虞白狄别種是也有在晉之西者成十三年所謂白狄及君同州是也

孔疏解三墳五典不偏主一説及解裨竈所論陳災婺女則皆云非吾徒所能測絶不穿鑿最是得體

相疑相忌之際爲禍最速觀於欒高陳鮑之事可不懼哉

子產處駟乞之事此與邲之戰孫叔敖初則南轅終則

曰寧我薄人同一無我

昭二十一年魯待范鞅十一牢據疏因十四年魯人失禮為鮑國七牢遂致范鞅之怒其後哀七年吳遂徵百牢一失禮遂無有底止益歎子產之善事大國

叔孫穆子不肯行賂于樂王鮒昭子不肯行賂于范獻子同一正氣

晏子論和同疏云說和羹而不言豉古人未有豉也疏

亦不言豉為何物疑即今之醬據疏謂急就篇乃有鹽豉秦漢以來始為之

昭二十一年梓慎曰二分二至日有食之不為災日月之行也分同道也至相過也註云二分日夜等二至長短極然不言日夜等長短極何以便宜日食孔疏亦不甚明

孔疏子太叔論禮條下云既言天之經不可復言地之經故變文稱義既言則天之明不可復言則地之性故

變文言因因之與則互相通也正是變文使相避耳此
可想古人換字之法又太叔云人之能自曲直以赴禮
者謂之成人疏云性曲者以禮直之性直者以禮曲之
之此意亦最精
后夔有子伯封此與堯舜之朱均同
昭二十九年孔疏論重黎烈山只援引經傳絕不武斷
最得不知爲不知之意
定四年楚子涉雎濟江入于雲中奔鄖又奔隋疏云鄖

都在江北睢東王走西涉睢又南濟江乃入于雲中知此雲在江南昭三年王與鄭伯佃于江南之夢謂此也言江南之夢則江北亦有夢矣相如子虛賦云雲夢者方九百里則此澤跨江南北又云隨義陽隨縣其國在楚之東也鄖江夏雲杜縣則是楚之西南吳師猶尚在楚更東奔隨國者葢謂楚與隨有恩謂可保守故也今按一統志德安府治唐為安州春秋時為鄖子國鬭辛為鄖公即此則此鄖在楚都東北矣又鄖陽府鄖縣古

麇國則又在楚都西北矣又荆州府有郢城在府城南二百里楚昭王時所築此則在楚都西南矣又似與江夏無干又沔陽州景陵縣則古之江夏雲杜縣又在楚都東南而又西南未知孰是孫北海據沈存中説謂楚子入雲是江北之雲恐難信但沈氏定以江北之監利景陵江南之公安石首爲雲夢此則近之大抵此澤在江南者迤而西在洞庭之右在江北者迤而東與洞庭遥對矣　胡三省通鑑註據漢陽志云雲在江北夢在

江南見威烈王三十三年鑑斷

定九年晉軍在中牟孔疏疑此與論語之中牟當在河北而非河南之中牟最是定四年辨豫章在江北而非江南之豫章亦是

哀元年傳有田一成有衆一旅杜註云方十里為成五百人為旅孔疏謂方十里應有九百夫而止五百人者以井衍沃牧隰臯之法推之二牧而當一井蓋其一百夫授上地不易者其四百夫授一易二而當一則為五

百夫矣最精細

齊國夏衛石曼姑帥師圍戚公羊之說最害義註疏從穀梁而排公羊最是

觀董安于不能免于晉萇弘不能免于周春秋之末至於如此可歎哉

陳乞偽事高國一段歎世途有如此嶮巇轅濤塗之譖申侯又不足言矣可畏哉

古書之參錯也如一黃池之會國語則吳先晉左傳則

晉先吳一敬王元王史記周本紀十二諸侯年表則以爲敬王崩子元王仁立元王八年崩子定王介立定王元年是魯哀之二十七年世本則以爲敬王崩貞王介立貞王崩元王赤立此但可傳疑難武斷也

孔疏言仲尼感麟而作春秋所以感者以聖人之生非其時道無所施與麟相類故爲感也杜以獲麟之義惟此而已深譏公羊反袂拭面稱吾道窮之說若謂麟應孔子而至則邱明子思孟軻荀卿皆尊崇孔德何以不

言此說最大雅

哀廿七年傳云君子之謀也始中終皆舉之而後入焉

註云所謂君子三思此不是始中終皆舉只是一思

孔疏衛在汲郡朝歌文公遷楚邱成公遷帝邱則在東

郡濮陽則朝歌已為狄有後又入于晉然疏未明言

三魚堂賸言卷四

欽定四庫全書

三魚堂賸言卷五

監察御史贈内閣學士陸隴其撰

看張爾公大全辨見其於朱子分析處必强辨其合如大學三綱領至善在明新外朱子或問云慮其禮雖粗復而有不純己雖粗克而有不盡其說精矣而必辨之曰有不盡不可謂之克有不純便不可謂之復粗克粗復之說似是而非八條目正修在誠意外朱子小註云

在官街上差了路其說精矣而必辨之曰信如朱子所云則是誠意尚有缺陷幸有正修兩段可以補其不足果爾則子思孟子之言誠身而不及正修其差錯寧有已乎正修兩傳雖屬身心工夫仍在誠意噫是未知朱子所謂必析之有以極其精而不亂然後合之有以盡其大而無餘也

閱黄太沖文知山陰之學其病只在不知朱子所謂析之極其精合之盡其大二語故朱子分八條目而山陰

則以誠意為了義曰致知致此也格物格此也朱子以主敬置八條目之外而山陰則以誠意當主敬太冲與姜定菴書云致知之外乃澄然未發之體因觳觫而不忍因乍見而惻隱此知之已發者吾之所致者在澄然之體由澄然而發見發見者無所容吾致也噫如此說則朱子當因其所發而遂明之一語如何解乎

先儒謂格物之外無致知工夫此言有味蓋舍格物而言致知工夫則惟有良知耳良知不可恃也惟有主靜

耳主靜亦不可恃也

講致知格物見朱子言用力之方云或考之事為之著或察之念慮之微或求之文字之中或索之講論之際愚意此四句中皆有學問思辨在

宋崑友以所作致知格物文示余曰學術異同俱自此句始故欲借此以正世之謬其文大抵謂格物工夫緊接小學小學之後知識漸開亦漸淆故格物者所以擴充其聰明範圍其知識者也豈無生知良知而生知不

恒有良知不可恃也做格物工夫似偏似渙而不厭其偏不厭其渙循其緩急輕重審其難易淺深由其當然以及其所以然由勉而幾于安此所以爲小學之終而大學之始也致知在格物猶曰致知者必教之格物云耳全在教者主張其論甚正

魚裳兄弟來予舉盤銘及切磋琢磨之義商之旂公謂苟日新三句内句句皆有切磋琢磨工夫予首肯之

講如保赤子節因思天下事皆不可不學而能此只指

一點誠心說耳即保赤子中亦有許多事須學而能此緣在致知格物後故只重一點誠心說

講論語序說辨孔子始生之日查春秋大全公羊言襄公二十一年十有一月庚子孔子生穀梁則書庚子于十月之後以此年十月庚辰朔考之則十一月無庚子庚子乃十月二十一日也穀梁是而公羊非周十月令八月是孔子生日為八月二十一日無疑也然以史記考之則孔子之生乃在襄公二十二年杜預亦主之朱

子論語序說用史記生年而序公羊月日於下於是說者自二十一年十月庚辰朔推之除朔虛六日則以二十二年十月二十七日庚子為孔子生日實今之八月二十七日也二說未詳孰是通考吳氏程取索隱之說謂史記以周正十一月為屬明年故誤而朱子因之當再考大抵以為二十一日生則當是己酉歲生七十四歲以為二十七日生則當是庚戌歲生七十三歲宋崑友論人不知而不慍云人非必君相一家之中父

子兄弟亦人也如舜之處頑嚚而克諧以孝即所謂人不知而不愠也

無友不如己者須先看道之同不同若道先不同了又不必論如不如又須看心術之同不同若心術不同矣亦不必論如不如此不如己者與損者三友及道不同二章有別

夫子至於是邦也必聞其政此特自其一邊言之耳有必聞者亦有必不聞者如横政暴斂之事豈肯使夫子

知之

不失其親一句工夫最難一有所失費許多深思遠慮只救得一半

評奚士柱由誨女一節文見得註中所謂自欺不是掩飾只是氣粗不能自知

看知其說者之於天下也二句文覺得此章即是一貫道理

魏庸齋疑好仁惡不仁隱居求志行義達道見過内自

訟好德如好色顏曾漆雕開仲弓子路南容儘足以當之何云未見張竇山荅之有二意一則云夫子所歎未見或偶以此勉人或有所感而云非竟以為空谷足音一則云夫子生平無一日非望道未見之心則是數者尚不能以信諸己安能以信諸人此又是就其極而言當合看末又言此仍非必不可幾之事誠能從内自訟做起由勉歸熟安知不將旦暮遇之尤妙

與學生論子出一題宜主教不躐等說時文多亂拈

忠只是一心恕則千變萬化做得未熟忠自忠恕自恕做得熟了忠自能恕忠信亦然忠是一心之誠信是隨事之誠忠到熟時自無不信未到熟時固有忠而不信者

喻義喻利皆有一貫氣象君子之心融洽于義發出來無非是義小人之心融洽于利發出來無非是利

吾斯之未能信一語意味深長蓋大綱之信猶易節目之信最難知處信猶易行處信最難順處信猶易逆處

信最難

漆雕開已見大意而能謙退精進所以子說如陳清瀾學蔀通辨亦可謂已見大意但少此一段氣象

心有已發未發之分其發也又有存心處事之分當理而無私心乃是合存心處事言之

不貳過之境界其難處有二一則因循怠忽牽制過將復生一則雖有心改過而見識未到如因噎廢食矯枉過正亦是貳過

張蕢山集内有與魏庸齋論尋孔顏樂處庸齋云舍功問敎如舍舟渡水舍梯登屋終日尋不能得否則講說高妙動涉禪機茫無把捉不若溯流窮源從切實下手處尋去水到渠成自有樂地蕢山云樂者即吾之本體成之性得之天非從外面攙和非從後來添設獨恐為境遷為物撓為慾蔽遂舉本來樂體被無端怨尤塡胸滿膺非用一番工夫一番尋求便說曠達放誕總非向來真樂又云識本體固難復本體尤難二先生說尋字

最好皆本集註朱子之意庸齋又云從何尋曰下學上達克己復禮簣山又自述其山房舊有扁命云尋孔顔樂處聯云問孔子何以樂曰發憤忘食問顔子何以樂曰既竭吾才又云言孔顔樂處即知思孟樂處皆足補集註所未及

博施濟衆修己以敬二章一是順說一是逆說合看可見體用之妙

亡而為有三句無忌憚之小人如此鄉愿亦如此此二

種人皆與有恒相反一則務以驚人一則務以悅人

看讀書錄見文清云知崇如博文禮卑如約禮又云道問學是知崇尊德性是禮卑中庸論語得此豁然

閲席生衣敘緼袍章文見包孝肅海忠介猶不免以是道為臧

聖人屏氣似不息不是升堂時始屏是無刻不調其氣故雖升堂時自下而上氣易動而不動

與席生講克己二字云己能入於視聽言動亦能入於

喜怒哀樂子臣弟友禮樂刑政能急能緩能顯能隱有剛有柔有克伐怨欲意必固我或生於氣質或生於習俗千態萬狀而總名之曰危

曾點之春風沂水即子思之鳶飛魚躍蓋以道極於至大而無外而僅於兵農禮樂求之則狹矣道入於至小而無間而僅於兵農禮樂求之則粗矣隨時隨處隨人皆有當然之理有一毫缺欠便非所以報知己令日有一毫欠缺他日便難保其無欠缺此即伊尹一夫不獲

時子之辜耕莘樂道意思故謂其有堯舜氣象但點只此見得未能行得漆雕開所未信者亦是指此境界

蕢山語錄云曾點之樂是日月至焉之樂顏子之樂是三月不違之樂但有生熟之分皆是實見與虛見不同看得最好

子路雖稱忠信明決片言可以折獄然獄亦有子路所不能決者或人雖服而理未合或事可疑而情難得非忠信明決之無用蓋子路之忠信明決與聖人之忠信

明決猶有間也亦有聖人之所不知不能者
夫子言舉爾所知爾所不知人其舍諸見聖人論治與綜核之治真有天壤之別綜核之徒論選舉未有不急防人之欺蔽者聖人則所重在舉爾所知蓋在我一設至誠之念正大之氣未有不能動人者何患賢才之不可盡知耶若沾沾以綜核為事則是名家之所為一法立而一弊生其為紛擾不亦甚乎此當與視觀察者同看

刁蒙吉講冉子退朝章云註謂正名分者正政之名則為君之分正事之名則為臣之分也講名分二字最明春秋之末漸成一利口世界莊子一書以利口談理戰國策一書以利口議事夫子所以思木訥之近仁然則思剛毅者何曰此則以鄉愿多也

朋友切切偲偲分數要看是何等樣朋友當何等樣切偲其性情有剛柔之不同其病痛有淺深之不同其與我交又有久暫之不同雖皆當切偲然其中分數須當

酌量

看念臺學言見其論升沉得失之際不能徹底澄清一日乘間又竊發因思克伐怨欲不行不但是不行到外面叫不得仁就使連念頭都禁住了而其根尚潛伏如程子之見獵畢竟有時而發亦叫未得仁陽明病瘧之喻正是此意中庸所謂無所偏倚是無纖毫病根潛伏也既又思之朱子言心之未發如鑑空衡平無正不正之可言又曰未發之前氣不用事若與此不同何故曰

朱子所言是就無病之人說無病之人只怕得發時走作若有病根潛伏則當其未發便叫不得無偏倚

先覺二字有覺之而有以制之者有覺之而不必有以制之者亦有竟不覺而無礙其為先覺者

天下事不如意者十常八九自世俗觀之不由于天便由于人故天無處不可怨人無處不可尤自君子觀之只是我認理不精處置得不停當無天之可怨無人之可尤

不忍不尤之義真妙天之可忍處亦多矣人之可尤處亦多矣大抵天人多囿於氣質中我以義理律之則見其可忍尤我亦以氣質衡之則益見其可忍尤惟靜以聽之而止盡我所當為久之天與人亦當見諒即未見諒而我之浩然者質之義理而無愧怍此聖人所謂知我其天也

或言子貢聞一貫之語倘有人問之曰何謂也當如何應之余曰應之曰夫子之道居敬窮理而已或疑敬字

不屬知余云敬統知行

世衰道微君子獨卓然秉正羣起而咻之者不知凡幾也我既不能過化存神又未能磨不磷涅不淄而與之相為謀危矣非為所誘而不知則日角勝而不已故夫子告之曰道不同不相為謀此為大賢以下言之也不相謀有二法一如孟子之詩楊墨一如孟子之詩鄉愿非徒棄之而已也故詩曰他山之石可以攻玉

閔子張問仁節會墨因思聖門所謂仁者豈非所謂一

乎仁則一矣

勇而無禮是輕浮一流果敢而窒是執拗一流勇與剛之分亦如此

逸民章多就其清一邊言不比孟子分清和

閱山東首題墨見其以平實淡漠虚静等字講夫子之墻最妙乃知牆如中庸之言絅宗廟百官猶中庸之言錦絅在外人便不知其錦大全中未有此說然却不可易講墻字要求着落猶由之瑟章堂室字須有着落也

大全中不曾說到此愚前看大全時亦不曾見及此

三魚堂賸言卷五

欽定四庫全書

三魚堂賸言卷六

監察御史贈内閣學士陸隴其撰

天命之謂性三句俱在大學首節明德二字内戒懼慎獨則在上一箇明字内

李厚菴言存養工夫該動静大學八條目不言存養是接小學來句句内有存養作脚也中庸言存養亦便包得擇執工夫下面只是抽出言之耳因言冉永光以存

養專屬静之非

看中庸喜怒哀樂即或問見朱子謂龜山其慟其喜中固自若之説雜於佛老恍然見聖賢應事之心與異端不同異端之心當喜怒哀樂之時其心漠然同於木石而姑外示如此之形聖賢之心當喜怒哀樂之時則是未發之理發見在此一事一物之中皆可謂之無心而誠僞之相去天淵

子思前言性道後復言中和蓋言性道或疑其迂遠而

道不可離之意猶未甚顯言中和則必不能不謂之大本達道而不可離也明矣

在物為理即達道也處物為義即達德也達道達德俱是性亦俱是命中庸首章言道不言德者蓋道與德分言之則為二專言之則言德可以包道言道可以包德

為靈邑諸生評中也者天下之大本也文見其多云虛能生實予謂惟實能生虛虛安能生實謂虛能生實者此佛老之見也朱子無極而太極之辨專為此

天地位只是天下大綱都好了故致中便能如此此尚未難萬物育是天下事事都好了須致和方能如此此最是難事雖云體立而後用行然用行更難于體立天命率性大德小德德性問學皆可如此分配天地位萬物育猶言大綱正萬目舉

李厚菴講不行不明章言子弟中有知者愚者不當急求其明且責其行能行然後能明子弟中有賢者不肖者不當急求其行且責其明能明然後能行

講以人治人見雲峰胡氏曰以衆人望人不敢遽以聖人責人正與或問意合史氏伯璿非之者誤也所謂衆人望人中亦有至善在

所以行之者一也此一字與一貫之一本同但一貫之一是功夫熟後得手處此一字起手即要是徹始徹終者

厚菴欲以尊德性專就主敬言而以道問學包力行

夢中體認孟子無傷也是乃仁術也一節此當與釣而

不綱弋不射宿不殺胎不伐夭同看愛物之仁只應如此此其所以為無傷也覺津津有味

孟子養氣即制外養中之法先立乎大是内外本末交相培養

義襲而取不但告子即從事知言養氣者工夫一分未到一分便是義襲

薛文清論養氣章云知言者盡心知性物格知至之功又在持志之先理明則能持志集義而又無忘無助長

則浩然之氣自生矣余向疑知言持志是一項事歷觀
諸講章無有說得明白者得此豁然又曰主敬可以持
志少慾可以養氣此又補本章所未及
古之井田隨其地宜非通天下可行也觀左傳所云疆
以周索疆以戎索及蔿掩牧隰皐井衍沃可見又周禮
載師註疏尤明孟子所云野九一國中什一者恐亦是
就滕之地形而言
李見羅云仕止久速外別無秋陽江漢此言甚好然却

未盡如喜怒哀樂子臣弟友皆是秋陽江漢又以一貫
言之則一箇秋陽江漢貫萬箇秋陽江漢
閱天之高也一節文思此章所謂鑒有二種一是不讀
書之鑒一是多讀書之鑒不讀書之鑒不知故者也多
讀書之鑒不知故之利者也
講千歲之日至可坐而致覺此章易為良知家所借蓋
鑒與不鑒其辨在毫釐之間非居敬窮理未易明白
學生問伯夷伊尹柳下惠與楊墨同異愚因思夷尹惠

是中道上之偏楊墨是中道外之偏譬如三間廳事惠皆在中一間但畧有些偏若楊墨則偏在兩旁着壁去了

孟子云仁人心也是指仁為心象山是指心為仁

仁義禮智四者各有體用而以其流行之序言之仁初發出只是一點萌芽及其盛則為禮及其成則為義既成而藏則為智孟子所以指仁為人心義為人路其實仁義禮智皆在心

先立乎大立字工夫兼持志養氣直解專以持志講此立字豈養氣工夫在從小體内乎殊誤

與學生講登東山節問曰孔子既如是不可及何以又曰彼丈夫也我丈夫也余曰且未説及此講至末節曰孔子豈不可及哉但學之當有序

閲聖人百世之師章文想親炙二字見成周風俗之厚伯夷有功焉春秋之末至于戰國柳下惠有功焉

閲大全養心莫善章見黄勉齋一條云孟子嘗言求放

心矣又言存其心矣操之則存舍之則亡心之存亡決於操舍而又曰莫善於寡欲何也操存固學者之先務然人惟一心而攻之者衆聲色臭味交乎外榮辱利害動乎内隨感而應無有窮已則清明純一之體又安能保其常存而不放哉此孟子發明操存之說而又以爲莫善於寡欲也雖然寡欲固善矣然非真知夫天理人欲之分則何以施克治之功哉故格物致知又所以爲寡欲之要此又學者之所當察也愚因想及求放心章

雙峰述勉齋之説曰此章首言人心是言仁乃人之心次言放其心而不知求末言學問之道非止一端如講習討論玩索涵養持守踐行擴充克治皆是其所以如此者非有他也不過求我所失之仁而已此乃學問之道也三箇心字脉絡聯貫皆是指仁而言依後一條則是寡欲即在求放心之内依前一條則似寡欲又在求放心之外二條不同然其實一也寡欲即在求放心内孟子於養心章則又抽出言之耳即如操存章程子曰

操之之道敬以直内而已亦是抽出一敬言之
由堯舜章末二句與好辯章吾爲此懼一句相合此不
是誇張語乃是憂深慮遠之語當時守先待後一段臨
深履薄光景直從堯舜之兢業發來
思輯四書困勉錄例註疏大全或問俱不必編入不欲
彙成書也陸王之學不必多辯有學蔀通辯在也内當
分學問思辨行五項採宋元諸儒之言是謂學採明興
以來及近年諸儒之言是謂問發先儒之未發以愚按

冠之是謂思辨諸說之同異以愚又按冠之是謂辨策勵學者勿徒為空言以學者讀此章五字冠之是謂行

讀太極圖說註深有味乎繼之者善一繼字繼之即所謂萬物資始也不言始而言繼蓋陰陽無始也此等處朱子發得真是十分明白

讀書錄謂太極純乎理陽動陰靜兼理氣又謂太極在陽動陰靜之前此等處皆看得未融洽非程子體用一源顯微無間動靜無端陰陽無始之意

太極圖中之五行非指鑄鼎之金作室之木江河之水鑽燧之火也乃指天地間陰陽之氣有此五者耳

程子體用一源顯微無間二語是周子無極而太極一句内意動靜無端陰陽無始二語是周子動極而靜以下之意薛文清講動靜陰陽最明講體用顯微却有可疑當查

呂涇野集有云盈天地間皆氣也氣而形皆物也物而則皆道也知形之顯於有即道之妙于無知道之妙于

無即形之顯於有非舍形氣之外復有所謂道也此論可羽翼太極圖說

聖人定之以中正仁義此即所謂道心常為之主而人心聽命焉定之之字指人心承上文善惡分來

學蔀通辨言周子主静静字只好做敬字看此最宜玩閲念臺學言見其以静亦静動亦静講周子主静二字據朱子太極圖解則主静二字全不是此意此乃是程子定性書之意似不當牽而一之

近思錄載通書第三章而不載第一章二章以其不出太極圖說之意也第三章一幾字乃補圖說而未詳即邵子所云一陽初動處萬物未生時也

圖說言太極通書便言誠圖說言陽動陰靜通書便言誠通誠復圖說言五行通書便言元亨利貞圖說言中正仁義通書便言五常百行圖說言修吉悖凶通書便言邪暗塞果確

近思錄第三段程子論中和此是朱子因中和舊說之

非而特載此

閲近思錄明道論上天之載無聲無臭其體則謂之易云因思書言人心道心易言形上形下孟子浩然之氣四字却括盡而曰浩然便已理氣合一所謂器亦道道亦器也

近思錄不載横渠由太虚有天之名條及一故神想以其詞未達意與

近思錄以伊川顔子論列明道定性書前此有深意蓋

朱子嘗言定性書一篇之中都不見一箇下手處又云定性書不是正心誠意工夫是正心誠意以後事故將伊川之論列于前是即定性下手工夫也

查近思錄橫渠心統性情一條為天地立心一條皆正蒙所無儒宗理要即採之性理近思錄而列於拾遺內蓋張子之書不能盡傳矣

將小學示學生因看立教篇内則一條歎古人之教必防之於未然必使之以漸進所以教無不成

與學生講小學明倫篇内則子事父母一條想見古人一團愛敬之意融結而出分不得某處是愛某處是敬與學生講小學見禮記説不登高不臨深不茍訾不茍笑夫茍訾茍笑與登髙臨深一様可不畏哉

三魚堂賸言卷六

欽定四庫全書

三魚堂賸言卷七

監察御史贈内閣學士陸隴其撰

莊渠遺書内有與余子積書云朱子晩年定論近始見之似不計年之先後論之異同但合己意即收載之耳令亦無論其他如載荅何叔京書所謂因良心發見之微猛省提撕使心不放便是做工夫本領此正中年以前未定之論與中和舊說相同也文公論心學凡三變

如存齋記所謂心之為物不可以形體求不可以聞見得惟存之之久則日用之間若有見焉此則少年學禪見得昭昭靈靈意思及見延平盡悟其失後會南軒始聞五峰之學以察識端倪為最初下手處未免闕却平時涵養一節工夫別南軒詩所謂惟應酬酢處特達見本根答何叔京書尾謂南軒入處精切皆謂此也中和舊說論此尤詳其後自悟其失改定已發未發之論然後體用不偏動靜交致其力工夫方得渾全此其終身

定見也祭南軒文始所同嚌而終所共棄其此類也夫大抵先生自其初年固已卓然有志聖學然未免為言語文字分却工夫至於中年以後方有一規模今日正當因先生已定之論而反証其未定者庶幾有所持循也觀此條莊渠之學頗正

唐荆川編諸儒語要十卷高景逸序云前六卷皆諸先生所自得語後四卷則辨析同異然前六卷載周程張朱五先生上蔡龜山五峰南軒之語而終以象山慈湖

白沙陽明之語如河津餘干不得與焉則去取未當也後四卷雜取先儒之言而不註明姓氏則條例未善也又有續語要六卷則係薛文清吳康齋陳剩夫章楓山胡敬齋曹月川蔡虛齋魏莊渠徐養齋尤西川呂涇野王心齋羅念菴羅近溪錢緒山王龍溪鄒東廓十七人之言宛陵黄一騰所纂輯也然遺羅整菴鄒二泉亦不能無議徐養齋尤西川未詳其為何人　曹月川余未見其書今觀此編所載如云人氣聚而生氣散而死猶

旦晝之必然安有死而復生為人生而復死為鬼往來不已而為輪迴哉其言卓然又此編載其太極圖説述解序存疑録序儒者宗統譜序家規輯略序則其書皆傳於世　尤西川大約是良知家然其言有甚精當者如云凡人有向善之心而又使人怪者多是自己勝心氣浮有以致之且如講説事理或論文説書少有所見即思壓人或是挾知故問人言未畢即伸己意此等處雖善亦惡也又或被人規警不肯認過改悔委曲輾轉

尋路出脫則是彼有變我之心我反拒之以此交人人誰容乎必須虛心平氣謙已下人求益不求勝可也又云未悉人言而輒伸已意此學者通病却在未悉輒伸之間不在議論是非處又云後生於前賢及前輩語言有與我不合者尤須下氣抑心反覆詳味必不可從然後斷之尤須克去勝心勿以一言得失輕議前人茍同之與立異皆私心也更學何事又云正大光明之士未免有以善服人之病又云風水家說壞人心術斷以大

義禁而絶之可也六經四書不言風水苟於禮義有關孔孟當詳説之矣又云我儒言仁統四德然四德亦各統仁隨時隨事立名非有偏全之異理一而已按幾亭學言第一卷内又云禮義智皆仁也言心也若以事則仁義知皆禮而已矣是故教人為國以禮禮也者三者之暢於四支發於事業者也非禮則三者不可見亦無自行

葉訒菴諄諄以躬行為重論學不以陽明為不是出衛

爾錫潛齋寤言相示衛亦微向陽明者寤言中云立大志審幾微踏實地又云初學不制俗情無以見至情然至情未能發動終擺脫俗情不來故致曲集義皆因其所發而擴充之使有火然泉達之勢又云學者未能中行寧為狂狷未可與權先求有立未能溫良恭儉讓先為剛毅木訥此皆名言

陸桴亭性善圖說大旨謂人性之善正要在氣質上看此只說得朱子不離氣質一邊而畧了不雜氣質一邊

此圖甚不必作至論高顧大言而深取高子無聲無臭即至善也一語謂陽明以善為有聲臭故說無善無惡豈知善固無聲無臭者乎不知高子此語亦未是謂善無聲無臭是知無極而未知太極也知沖漠無朕而未知萬象森然已備也雖若異乎陽明之說而實與陽明之說同歸也

張幹臣困知記序云始也以儒而託於禪既也以禪之實篡儒復以儒之名攻禪有崇正學之稱而已非正學

有關異端之論而已趨異端此數語曲盡嘉隆以來講學之弊

較對困知記見整菴論薛文清氣有聚散理無聚散之說云氣之聚便是聚之理氣之散便是散之理惟其有聚有散是乃所謂理也若云一有一無則非理氣無縫隙之論矣此一段說得最好與整菴别處論理氣不同余前疑文清之言未融得此豁然

容城孫奇逢字鍾元理學宗傳一書混朱陸陽明而一之

蓋未知考正晚年定論也但慈湖龍溪近溪海門則列在末卷補遺之中蓋亦知其非矣

理學宗傳韋本清心性說曰心學傳自虞廷雖曰觀諸孩提之愛敬則人生之初其心本無不善觀之行道乞人不受嘑蹴雖梏亡之後本心猶有未盡泯者不知此乃聖賢多方引誘或指點於未喪之前或指點於既喪之後無非欲人自識其本心以自存也不然人莫不為孩提也曾有漸長不為物引習移者乎乞人不受嘑蹴

曾有永保此心而勿喪者乎譬之穀種不種不生譬之真金不淘不淨近之論心學者如之何競指衆人見在之心即與聖人同也其說甚正然觀其意却似以心為主而以理從之不是以理為主而以心從之　又見錢緒山論師門虛寂之旨曰變動周流虛以適變無思無為寂以通感大易之訓也自聖學衰而微言絕學者執于典要泥于思為變通感通之旨遂亡彼佛氏者棄其衰而入即吾儒之精髓用之以主持世教為吾儒者僅

僅自守徒欲以虛聲拒之不足以服其心言及虛寂反從而避忌之不知此原是吾儒家常茶飯淪落失傳以至此耳此其援儒入墨推墨附儒可謂巧矣又論無善無惡曰目無色故能盡天下之色耳無聲故能盡萬物之聲心無善故能盡天下萬事之善直是放言無忌愚思王氏與高弟語言流傳者宜倣陽明要書例摘而辨之庶使後世不再惑也

象山云六經皆我註脚率天下之人而禍六經者必此

言也夫此正朱子所謂以意捉志而非以意逆志也學者不知正學而輕於信人如理學宗傳所載賀克恭之于白沙南元善徐珊等之于陽明此正朱子所謂篤信而不好學則所信非其正者也南元善字大吉渭南人陽明座師聞講學遂列弟子列徐珊師陽明舉鄉試癸未南宮以心學為問陰以闢陽明珊讀策問歎曰吾爲能昧吾知以倖時好耶不對而出聞者難之曰尹彥明後一人也同門歐陽德魏良弼等直發師旨不諱亦在取列克恭刻白沙像懸于室

黄太沖有沈清溪墓誌言心性之辨亦明大約自羅整

菴痛言象山陽明之後如高景逸劉念臺皆不敢復措心為性但心性之辨雖明亦不過謂心為氣而性為理心之中有性而性非即心云爾其欲專守夫心以籠罩夫理則一也特陽明則視理在心外高劉則視理在心内高則以靜坐為主劉則以慎獨為主而謂無動無靜高則似周子主靜之說劉則似程子定性之說及朱子中和初說而皆失其真

江陵請開經筵疏有聖功已密而益密聖德日新而又

新之語因思大學曰又日新孟子曰又從而振德之此兩又字最有味凡為學教人俱不可不知此又字

汪苕文與計甫草書曰宗門之教固有不可思議者然欲合孔子之道與禪為一則辟諸傾乳入酒終于酒乳俱敗此條似是而非如此言却似宗門原有妙處但不可與吾儒合則亦何怪天下之從之哉　昔之佞佛者多合三教今之佞佛者又多分三教

張瑶山文集内有王山遺響一種其一條云居茅屋中

每從搜覽之暇黙坐觀心焚香一炷雖本體照徹不得

遽信覺山空人靜諸緣屏退點塵不到精神收拾透裏

快然又有序云建我師祠以俎豆薛胡羅高四先生則

其學大抵徽近于梁谿

又一條云塘南王公云孔子曰無知陽明言知善知惡

是良知姑就初學所及言之使從此透入必透到水窮

山盡處乃可夫單提良知既爲後人所疑而塘南又淺

視良知提出無知水盡山窮從何下手此說得好

又一條云水簾洞天半路斷始以梯升繼則鑿石而上然空中階級意在速成根脚不平未及旬日雨過則崩程子曰須是大其心使開闊譬如九層之臺須大做脚始得又稱康節空中樓閣朱子言其四通八達須實地上安脚更好嗟嗟夫心之所之曰志學者立志當以君子自待以希聖希賢希天自期最不可薄視此身隘視此心掀天揭地全在脚根否則便小有成就亦非大規模久則且如風中草任其波靡如水上萍聽其飄蕩做

得一分便損一分做得一層便壞一層子是以因山徑之既成復傾不能不與學者求其所以立脚所以栽根此一條最警切不可不猛省夫康節猶空中樓閣也而況不如康節者乎

簣山集云執著有執著之失和平亦有和平之失此非著實體認者不知

又與人書云人欲合知行為一我必分知行為二單提致知不如直說篤行為明白切實若以力行工夫總以

致良知三字盡之雖是透脱恐學者竟走入空寂一邊此條最足羽翼程朱又與熊青嶽書云若提明善二字謂可包知行則致良知亦可包知行姚江復起將有辭于我矣與前言同意不知青嶽何以有此論

又與羅先生書云令師青老見解不偏考究有年其閑道録頗與其私淑羅文莊之意有合又孫北老學問淵深所梓薛文清胡敬齋羅文莊高存之四先生學約俱有不謀而同者按此則竇山所推重者此二人而已

又有一書言宗儒語畧前序後跋議論參差予所取於蕢山者正在于此人能勇於從善如此天下有何事哉使象山有此心則必無無極太極之爭使陽明有此心則必不執良知之説必不為晚年定論之書令人挾一偏之見恥屈於正論多方以求勝孰知先生之所以不可及者乃在于能屈耶氣能抗萬乘之威力足以却紛華靡麗之習乃區區整菴一書遂退然自下盡改其故學者非天下之大勇其孰能之乎

閱張賓山與熊青嶽書論學問經濟雖不是兩個畢竟經濟有從學問來者亦有不從學問來者從學問來者學顏子之學即志伊尹之志不從學問來者則為驕吝為器小為執拗甚至為奸險非不自謂有猷有為而其實毒蒼生而誤國事者即此自命為經濟之人其論最快

賓山謂夫子之道中以貫之愚謂曾子言忠恕是誠以貫之若程朱重敬則又是敬以貫之此當互看

蕢山語錄上卷云學問止有漸進工夫別無頓悟法門又云諸家言自然言頓悟不問元氣虛實專用表散之劑不害人不止矣此最足見其學之正又云儒者言學謂人所說過者不必更說然舍人所說過者更何從說聖賢言語愈讀愈有味越講越無窮又深取韋楓山先儒之言已盡之說此是見其學之樸實又論氣云無動無靜以所行有動有靜矣氣無聚無散以所附有聚有散矣論陰陽云陰陽有相生之時無未生之時此又足

見其體認之細

又云儒者之學不宜單提静字以類於禪然静則悔吝少亦收斂雜馳之一端此説得亦斟酌

三魚堂賸言卷七

三魚堂賸言卷八

監察御史贈内閣學士陸隴其撰

閲學蔀通辨見象山對朱濟道言收拾精神自立主宰當惻隱時自然惻隱當羞惡時自然羞惡因思象山陽明景逸念臺皆是收拾精神一路工夫皆是心學但象山主靜陽明則不分動靜景逸主靜念臺則不分動靜象山陽明則竟不要讀書窮理景逸念臺則略及於讀

書窮理象山陽明則指理在心外景逸念臺則指理在心内究竟則一樣指理在心外者如鏡之影指理在心内者如樹之根得失自不同

辨有明之理學較宋更難以陽明之功業高劉之節義皆天下所信服如順風而呼故辨之尤難令人見陽明之功業便以譏之者為刻不知管夷吾之在春秋是何等樣功業孔孟只以一小字一毋字斷之安得以其功而信其學哉且陽明即有功亦不過在一

時而以朱子為楊墨以孔子為九千鎰其得罪在萬世吾豈能為之解耶

真西山集夜氣箴曰必齋其心必肅其躬不敢弛然自放於牀笫之上讀至此不覺悚然又云以理論氣者濂溪先生之學也以理論數者安樂先生之學也二語最精

黃太沖學案序述有明一代之儒者可謂有功而議論不無偏僻蓋以蕺山一家之言而斷諸儒之同異自然

如此愚因思經師與人師不同而人師内又有二種有興起之師有成德之師若蕺山先生者以為興起之師則可以為成德之師則不可而太沖尊之太過所以多費周旋

高忠憲與管登之辨云若謂以覺包理則理乃在外又云謂氣在虛空中則是張子所謂以萬象為太虛中所見之物虛是虛氣是氣不相資入者矣此一條大可理會大抵梁谿一派看得性儘明白却不認得性中條目

又閱其静坐說乃知高子所謂性體亦是指心亦大異于程朱矣其不欲言以覺包理特欲自伸其見耳

閱徐鴻洲信古餘論見其論西銘是仁體因悟與萬物流通者仁體也無物不有者仁體也無時不然者仁體也故中庸費隱章論語子在川上章與西銘皆是言仁體

閱紫陽通志見高彙旃格致論其學似正於景逸又刁蒙吉寄嚴佩之書不滿涇陽而深推景逸以此與陳幾

亭同配享於道南祠其所著潛室劄記中亦多格論但於景逸覺服膺太過耳又施璜所著思誠録訓蒙諸條其論甚正又通志所載江知默字月巖汪學聖字惕若皆有志於學而以梁谿為宗者

閱顧涇凡與高景逸論學附當從狂狷起脚書此其病根

看薛方山考亭淵源録序言朱子之言孔子教人之法也陸子之言孟子教人之法也不覺太息孔孟豈有二

法哉方山序中既言老而知朱學之精而又爲調停之說如此蓋終不敢直指陸學爲非也又其末言象山晚年亦得力於朱子以救陽明朱子晚年得力於象山之說亦屬調停

考亭淵源錄第十八卷載朱子告郭友仁有半日讀書半日靜坐之說郭是從禪學入門者恐此所述未必確

用功如何可這樣限定　第二十卷劉淳叟欲做虛靜工夫朱子與言李延平教人靜坐之不然可見郭友仁

所述未確

呂涇野集有云衡有銖兩鈞石之星也若為塵垢所掩則不可得而辨矣天有斗樞三垣五緯二十八宿之星也若為雲霧所障則不可得而辨矣夫人心之有星猶天與衡也此一段說心最好又云如使顏子之父母不悅於簞瓢乃顏子自以為樂而不改則雖夫子豈肯稱其賢此亦說得最好又云夫子所謂一以貫之者其約乎故顏子曰約我以禮此看約禮即一貫與愚向所見

不同又云時有升降陰陽盡之矣學無止足鳶魚見之矣陰陽盡窮通得喪皆非在我者也鳶魚見體用顯微皆非在物者也是見道之言又云禹之導江河在拜昌言何以知言之昌在精一以執中未至於禹者在求其病之所切而去之如牛之訒言參之三省說得真妙又云孔門論學惟仁為大學仁惟禮為急經禮三百曲禮三千皆仁也天體物而無不在仁體事而無不存夫子告顏淵之為仁以非禮勿視聽言動亦是意乎按此一

條可見約禮即是一貫予向疑一貫與此約字不同非也

較王學質疑因思程子言在物為理處物為義又云性即理也此處宜將大學或問中所云心雖主乎一身而其體之虛靈足以管乎天下之理理雖散在萬物而其用之微妙實不外乎一人之心合看方明仁義禮智皆心之用管乎天下之理者也

閱孫徵君年譜歎近年來南方有一黃黎州北方有一

孫鍾元皆是君子然天下學者多被他教得不清楚

孫鍾元鹿伯順一生苦志只做得不踐迹的事　鹿江村孫徵君皆一代偉人其品之高則所謂不忮不求何用不臧者也其學之勇則所謂未之能行惟恐有聞者也只是不虛心不細心子路當日亦是這箇氣象賴聖人之裁成所以終成千古大賢

看學蔀通辨後編朱子荅廖子晦一條覺明鏡止可喻心不可喻性朱子大學或問中有鑑空衡平之說論顔

子明睿所照亦以明鏡言之皆只是言心至象山論孟子萬物皆備而以鏡中看花言之則是以鏡喻性矣大謬此陳清瀾所以謂孟子萬物皆備是以萬物之理言陸學之萬物皆備是以萬物之影象言

以六經為聖人糟粕者猶以虛無之見置在六經外以六經為我註脚者直以虛無之見置在六經内故王弼之易何晏之論語猶有可取而象山之解經必不可從也

閲儒宗理要内緒言覺其踈淺

黄太沖撰周海門傳云性理也心氣也陽明言無善無惡心之體非言性無善無不善以無善無不善為性者海門之咎也然陽明不曰心即理乎何可掩也大抵昔之為王學者樂其病今之為王學者掩其病

习蒙吉辨道録載羅文莊之言曰理一分殊四字本程子論西銘之言其言至簡而推之天下之理無所不盡持此以論性自不須立天命氣質之兩名按整菴尊理

一分殊之語可也而便欲以此破除天命氣質之名則非矣但知理氣之合而不知理氣之分可乎

陳遷鶴言閩中從來不染於姚江之學惟一李贄出仕於外與王龍溪交而遂習為橫議

朱陸皆以鏡喻心然一是真明鏡一是含糊之鏡辨學術異同若在經書文義上辨之則彼此膠執葛藤無已矣且舍文義而單論下手工夫則得失自見

今之回護姚江者有二一則以程朱之意解姚江之語

此不過欲寬姚江其病猶小一則以姚江之意解程朱之語此則直欲誣程朱其罪大

昔人云進思盡忠退思補過此與夫子主忠信徙義之意同我人存一至誠無偽之心進而有為可謂忠矣然其間輕重緩急過差而不合於義者儘多故進思盡忠者必退思補過主忠信者必徙義陽明以致良知三字為學豈知此也哉

姚江一派學術日異而月不同正嘉之際其詞詖嘉隆

之際其詞淫萬歷以後其詞邪至今日其詞適
日來去過而過不能去者一則起於欲根未盡一則起
於習氣未除一則起于見識未真
一篇朱子行狀即是一篇太極圖說一篇太極圖說即
是一篇朱子行狀
人之喜怒各有氣象程子欲人忘其怒而觀理之是非
愚更欲人忘其怒而觀怒之氣象儘有怒得是而氣象
不好者

人生處處要樹立一界限事事要斟酌一分寸

天下道理只得一箇旋相為宫之法在醫家則謂之君臣佐使

大人言熊見可之講書但自講一番而不能使其委曲入於童子之耳予因悟聖人言忠又必言恕蓋能盡心而不能推己其弊如此

春秋之義不責上責下不責小人責君子大易之義不憂衰而憂憂盛以此思之人生何時可不戒謹

三魚堂賸言卷八

欽定四庫全書

三魚堂賸言卷九

監察御史贈内閣學士陸隴其撰

初學讀戰國策不如將綱目自威烈王至秦始皇并天下熟讀

綱目序知伯之事於威烈王二十三年序子思之言于顯王二十三年皆是追敘法知伯子思皆綱目前人

綱目書法於孝惠四年帝冠條下云於是帝生十五年

矣查荀悅漢紀高祖崩年孝惠已年十六安得如書法所云又綱目高祖十年分注内東園公綺里季夏黃公角里先生正誤因杜詩黃綺終辭漢之句遂云綺里季夏一人也黃公一人也今查漢紀四人曰東園公夏黃公角里先生綺里季安得如正誤之言又查孝惠四年立皇后張氏漢紀綱目俱云是魯元公主女然恐非魯元所親生觀高帝七年上欲以魯元許匈奴此時尚未歸張敖也安得至孝惠四年遂有如此長女荀悅譏其

非禮恐亦未考

漢武綱目跅弛二字跅是跅落乃不顧利害之意弛是弛廢乃不循規矩之意注不甚明

綱目雖極與嚴光然不載足加帝腹之事蓋不予其傲也

閱桓帝延熹三年綱目趙岐為皮氏長以宦者左悺兄為河東太守恥之即日棄官而歸可謂危行矣惜未能言孫以至家屬受禍此李固之女文姬所以戒其弟也

玩綱目言孔北海才踈意廣只是大綱好細目未盡

看國語三川震竊因思後世地震之變多矣不必皆亡

伯陽父何以知幽王之亡大抵天變與人事相參人事

不爽天變偶至不至於亡如元氣壯盛之人偶感風寒

也人事既壞天變又至其亡必矣如元氣衰弱之人復

遭風寒也觀其言周德若二代之季可知

國語管子對桓公曰設象以為民紀式權以相應比綴

以度竱本肇末設象者立為一定之法也式權者用其

變通之宜所以善此法也比綴以度以人之衆寡言人有衆寡難以一法治比校之連綴之宜分則分宜合則合各有度焉塼本肇末以事之本末言事有本末難以一法理等量之匡正之宜重而重宜輕而輕亦各有度焉是皆所謂權也

國語夙沙釐云吾委質于翟之鼓非委質于晉之鼓也韋昭註云質贄也左傳狐突云策名委質杜註孔疏云質身體也二說不同說異而不妨並存者此類是

史記趙世家獻侯即位治中牟瓚注中牟應在相州非鄭中牟辨地里志之失最是項羽紀宋義留安陽索隱謂應在宋州非相州之安陽辨師古之非最是

公孫弘儘有好處如誅郭解抑卜式殺主父偃皆不可謂不是特阻汲黯董仲舒則不能為之解

史記公孫弘傳不載其開東閣事亦是太史公惡而不知其美處

閲汲鄭傳鄭俠而和汲俠而清

讀李斯傳以督責為王道以申商為聖人何異指鹿為馬

史記相如傳序上林八川而云東注太湖何謬至此註不能正而反附會之何也

郭解之謙讓只是一箇克字與萬石君之氣味全别

讀貨殖傳太史公只知人心不知道心只知氣質之性不知義理之性

漢書武帝紀不載輪臺之悔可謂不知要

閲漢書鼂錯傳峭直刻深四字直與深本是美字峭刻便成病痛

蕭望之不悦丙吉而非耿壽昌常平議君子與君子不能盡合從古有之

漢書儒林傳叙易獨詳而於毛詩及春秋三傳甚略毛公及公羊穀梁子皆不載其名及其授受尚書自伏生以上亦絶不知其授受不知其何故

漢書循吏儒林二傳學者不可不讀

荀悦三游論可與班史游俠論同讀游字不知當作何解疑是浮也查綱目班荀二論俱採附於誅郭解之下

光武紀王莽和戎卒正邳彤及考彤傳則作和成未詳孰是

閱黃子鴻所訂晉地里志於青州濟南郡有三疑云按二漢志及宋魏諸志濟南所領如歷城朝陽著土鼓於陵等縣皆同未嘗云有所移徙省廢今此志所領皆北海之縣而本郡故縣槩無一見可疑一也又按漢志有

北海郡景帝置後漢不改魏晉紀中皆有北海王宋魏皆有北海郡今本志濟南所領五縣前後志皆屬北海未嘗云有更置獨此志縣存而郡改可疑二也又按本志晉凡郡國一百七十三今止一百七十二計失一郡疑即北海也但通典不詳通考亦仍之葢其沿誤久矣今當於濟南郡下改正曰領平陵歷城朝陽著土鼓於陵等縣另增北海郡漢置統縣五始列平壽下密膠東即墨祝阿五縣于其下其考證甚詳然愚取左傳杜註

查之其言濟南當有歷城平陵朝陽及平壽即墨當屬北海見於桓十八年莊十年襄四年六年二十七年之註信矣但昭二十五年齊侯唁公于野井註云濟南祝阿縣東有野井亭則祝阿在晉固屬濟南也又莊元年齊師遷紀郱鄑郚註云北海都昌縣西有訾城則北海又有都昌也此則又可疑　查子鴻草木原云本志濟南所屬五縣其四縣皆舊屬北海

子鴻言晉書地里志張氏所置涼州十一郡乃落去西

海郡查魏書張軌傳始得之胡三省通鑑注亦以為亡
一郡葢刻板之訛久矣胡却不知查魏書耳又沙州内
落高昌一郡戊己校尉戊己二字訛作張茂以三字亦
查魏書校正

葉石君言晉書李特載記中皁字音觸諸本多訛作二
字

隋劉炫與牛弘論令史之言讀周禮者不可不知此與
李諤之論文體王通之荅楊素皆隋代之至言

黄俞邰言元史之疎畧甚有一人而前後重出者如藝文志則竟不作當時纂修者皆名儒而疎畧如此豈非政令嚴刻諸儒迫於期限遂不及詳慎與　元史不作藝文志恐其陋不在史而在元

元史祭祀志言漢承秦敝郊廟之制置周禮不用謀議巡守封禪而方士祠官之說興兄弟相繼共為一代而統緒亂迨其季世乃合南北二郊為一雖以唐宋盛時皆莫之正按此則古者兄弟相繼各為一代當考

看元史博果密傳歎許魯齋成就人材之功不可及也次焉者王鶚之于庫庫蕭𣂏之于富珠哩翀乎

傳掌雷明書筆力頗弱以張孚敬等置佞倖傳張居正置權臣傳李贄置異教傳其識甚卓

明書張居正贊云居正祖申韓之餘習結曹王之輿援器滿而驕沒身之後名臭家滅明之相本實撥於此萬死莫贖此論甚卓又佞倖傳云桂萼之為吏部尤私其所厚善而修睚眦怨獨以名薦魏校為國子祭酒屬使

代疏草其條對經學時政往往精深當上意而校與新
建伯王守仁爭名不相下嫮為之搆守仁奪世封而校
入侍經筵忤旨改補太常嫮不能救此一段說得莊渠
甚無色
明書以張玉入亂賊傳而謂高拱夏言皆不學無術妙
極
明之賦役有夏税秋糧即唐之租有均徭即唐之庸有
里甲即唐之調其夏税秋糧之名雖似本楊炎卻與楊

炏不同楊炎之法是并均徭里甲總入夏税秋糧之内

三魚堂賸言卷九

欽定四庫全書

三魚堂賸言卷十

監察御史贈内閣學士陸隴其撰

閲陸桴亭分野圖一行所謂自南正達于西正得雲漢升氣為山河上流自北正達于東正得雲漢降氣為山河下流娵訾在雲漢升降中居水行正位故其分野當中州河濟閒東井處百川上流故鶉首為秦蜀墟得兩戒山河之首星紀居河漢下流百川歸焉析木為雲漢

末派山河極焉故其分野自南河下流窮南流之曲東南負海為星紀自北河末派窮北紀之曲東北負海為析木此等處甚明至謂五月一陰生而雲漢潛萌于天稷之下十一月一陽生而雲漢漸降北不可解雲漢在天本有定位似每日有升降不知何故謂升降因月而異此升降似以隱見言

閱桴亭月道圖說始知洪範註所云月立春春分從青道者言月行太陽立春春分之道則謂之青道非謂立

春春分之時而月行青道也月行九道十有九歲而一周非一歲而歷九道也一千六百九十八日有奇而行一道非一季而即能遍一道也桴亭此圖大有功於學者

查舊所抄圖書編內有云月上弦于東井下弦于牽牛上弦于牽牛下弦于東井又邵子云冬至之月所行如夏至之日夏至之月所行如冬至之日前數語大抵即桴亭所云以交初所臨而言也若邵子數言則却似月

一年而歷南北與十九歲而徧九道之說似不同疑月一歲之内雖夏南冬北至于極南極北則必十九歲而一周也

月食據欽天監頒行京師月食七分四杪初虧寅正三刻十二分食甚卯正二刻六分復圓辰正初刻是夜初虧月正在申位歷酉至戌而没乃知邵康節所云冬至之月所行如夏至之日夏至之月所行如冬至之日其言果然蓋以晝夜長短而言非以極南極北而言也

到欽天監會部武峯談歷邵言西法不能出古法之範圍而多改頭換面以自異如歲差消長之法西法不能異于古也而將宮次移易則便若大異天周有餘日周不足所以有歲差譬之湍水然在内者勢狹而轉急在外者勢寬而轉稍緩此古法也而西法則分為幾重天遂若大異惟以地為圓體此為獨得而弧矢算法亦勝于郭守敬愚因問天文家之言曰冬至日在箕斗之黄道此道出辰入申故日亦出辰入申夏至日在井鬼之

黄道此道出寅入戌故日亦出寅入戌是日之北而復南南而復北者黄道之勢然也然以歲差推之假使千萬年後冬至日躔退在井鬼則冬至日亦當出寅入戌與武峯曰不然若使冬至日躔退在井鬼則井鬼之黄道亦改而南矣葢所謂日躔在井鬼者非必定與井鬼之宿同在一處也但與之相當耳或南或北固隨時不同也故夏至躔井鬼則此道便出寅入戌冬至躔井鬼則此道便出辰入申余爲之恍然因思向見傅仁均荅

王孝通曰日躔宿度如鄭傳之過宿度既差黃道隨而變矣余初看之殊不解不知黃道如何樣變今乃悟所謂變者乃南北之異耳但仁均說得不明白不如武峯之言鑿然又思西法謂列宿與天各有運行以此致歲差其說亦不然看來依西法則列宿移而黃道不移依古法則黃道移而列宿不移不知是否當再叩之

天原發微載蔡季通問極星只在天中東西南北皆取正于極而極星皆在上何也文公無以對此段未知出何處按

若依今西法論極星則可無疑矣

闗孫北海河紀見昔之論河源者紛紛不一合而言之有三大約言出于闐葱嶺者其下源也言出崑崙者其中源也言出西番朶甘衛西直四川馬湖蠻部正西三千餘里去雲南麗江西北一千五百里俗傳為星宿海者其上源也自星宿海東北流經崑崙山之南折而東流復繞崑崙山之北至積石經河州始入中國張騫見其下源而不見其中源崑崙之說見其中源而不見其

下源至元學士富察篤始窮歷而得之自星宿至崑崙三千餘里自崑崙至積石又三千餘里自積石至龍門又三千餘里而或以為二萬一千三百餘里者悞也向見言黃河者皆云河舊在汴城北四十里東經虞城下達濟寧洪武二十四年決原武縣黑洋山東經汴城北五里又南至項城入淮而故道遂淤正統十三年又決滎陽過開封城西南而城北之新河又淤自是汴城在河北矣然嘗問從中州來者則今汴城仍在河之南

甚疑之今觀河紀載弘治時巡撫徐恪疏云弘治二年以來漸徙而北又決金龍口諸處直趨張秋而汴南之新河又淤乃知所謂汴城在河北者只是正統以後弘治以前之事　又按河紀明初糧船自儀真抵淮安謂之裡河俱分入五壩轉盤黃河謂之外河原不相通後平江伯疏開清江浦由天妃口徑通黃河仍設閘以司啓閉其後恐黃水灌入河臣乃議塞天妃口以杜黃水創開三里新河設通濟閘以通淮水此段說天妃緣由

最明然亦未詳新河創自何人　潘季馴楊一魁二人相接為總河一主築隄束水一主分黃導淮此議論之最不同者河紀中皆言其有功未曾剖析孰非孰是季馴云人欲去舊以為新而臣謂故道必不可失人欲分支以殺勢而臣謂濁流必不可分然觀萬歷廿五年總河劉東星疏云河自商虞而下歷丁家道口馬牧集韓家道口趙家圈石將軍廟兩河口出小浮橋下二洪乃貫魯老黃河故道自元及明朝嘉靖年間行之甚利

至三十七年北徙濁河而此河遂淤萬歷七年總河潘季馴議復開之以工費浩繁不果則是潘公四治河束水之策雖行而故道之策未全用也按潘公第一次治河在嘉靖末只佐朱公衡開新河非其本意第二次治河在隆慶末開所謂故道垂成而廢第三次治河在萬歷六年功成高堰而故道仍不果行第四次在萬歷十六年惟見嚴閘禁築遥堤諸議不見别作為但其始終不主開泇之議只就河言河是即復故道之意也

河紀嘉靖十二年劉天和之治河亦似有見蓋因運河原不用黃河之水故棄魚臺穀亭之淤河不治聽河向趙皮寨南行而專濬漕河此在朱潘楊李之前自成一策　嘉靖初尚書胡世寧論河勢南分二道東南一道東分新舊五道說得最詳然只是嘉靖初年黃河之勢不應刪其姓名年月混入禹貢註

王亮士疏濬末議一篇專論濱海形勢即導淮九則中海口一條之意而此言之特詳大意言北至廟灣南抵

泰州二三百里是即所謂范公堤名場場分即于堤上
按地分界亦猶自淮及揚高寳各分界于其中也東為
鹽場竈户居之西為民田惟民種之㨂堤内有大河名
曰穿場河沿河各立場分各有石閘洩水入其運鹽港
河以達于海是則各場皆有海口矣當年范公造堤之
義有二一為不開穿場河則場分隔絶鹽觔難于轉運
一為高寳興鹽下河一帶直達鹽場上下瀰漫毫無阻
隔上水易洩涓滴不留則民田盡成陸地而海潮泛漲

斥鹵倒入則苗稼勢必枯焦又慮水壅莫洩故各造石閘以達港而入于海是即所謂運鹽各港河也考前朝祖制自范公堤外皆係草蕩惟供燒煎不蒔禾稼是以不厭海潮故范公惟于堤上閘口各立水簾而不問閘下之港與河也今草蕩既於前朝變價以充邊餉則在官之草蕩盡為各竈之私產開墾耕刈盡屬禾苗雖欲不實為棄壩不可得矣倘惟議開復而不議建閘以時啓閉非持平之論也又云地脉由雍而豫而揚至海而

盡此舊說也若海中大勢必至黑洋方為大海其色深黑而味苦若其出海千餘里雖則茫然無際實則非可横行之地蓋耕牧之地至通泰興鹽而盡其未盡者分沙五支直入大海之中凡千餘里所謂五條沙也潮長則洋洋湯湯茫無畔岸潮落則沙壅土漲深不容尺其沙土堅硬更甚鐵石海船可載數千者必遠而避之惟沙船底窄可以掉臂其中其船即因沙以得名故海口之間無與於捍防又云若淮黃會而東趨則滙聚于安

東對面之馬邏達義蘇家嘴新溝口柳浦灣五大險工一帶處所入海欲于對岸開一支河以殺河勢又懼有傷安東必築高堤以固之

又戊申上明公書云築歸仁集等隄鳳泗淮揚民情僉同若議築翟家壩一帶決口則盱泗等州縣必為力爭謂與彼地不利查萬歷年間潘季馴築塞高堰決口之後盱泗皆樂豐年載在潘公申辨泗州鄉紳常三省疏中若非當年赫然震怒將常三省力行黜罷高堰石工

焉能告成而不意彼地奸人利於私販又將石工未及之處復行盜決以致貽害若此也

又議用灾民畚鍤云細心分別壯健定為一工派於泥水險要地面每日照六分定例日給米四升銀二分婦女及老幼定為一工派於高原地面日給米三升銀三分如其人力微小則量減銀二分若夫跛癃殘疾難資其力役之用而實可課以綯索踏擊之工亦止給以米二升銀二分所有節省銀米存為犒勞壯健鼓舞工作

之費夫役不必遠調而自集灾民不必賑卹而共飽

又云苟得其人而任之必為假之以用舍之柄濡之以持久之計裕之以錢穀之資與之以便宜之略重之以斬殺之權而斷不可拘牽之以文墨淆亂之以議論限勒之以程期恐動之以詰責始可漸次以期其功倘決一口而必俟部覆以施工用一錢而必俟估計以銷奏拔一人而必拘資格以註冊罪一夫而必待奏奪以施刑欲求平成立奏此必不得之數

三魚堂賸言卷十

欽定四庫全書

三魚堂賸言卷十一

監察御史贈内閣學士陸隴其撰

太倉王石隱刻說文論正自云此書十年静悟十年考正彙成三十萬言誠宇内所未有之書亦宇内不可少之籍其自喜如此諸莊甫言石隱少習醫壯而友桴亭確菴乃勉於學二子皆凡事之其學不從八股入而能刻勵成一家言

陸翼王博聞而朴實君子也家多藏書如儀禮經傳通解金仁山許白雲真西山魏鶴山文集及西山讀書記其家多有學蔀通辨一書孫北海亦從翼王借得韓元少孫彥和皆從借抄翼王言北海學博而才敏其所著諸書雖不皆精然多有益于學者博學之士皆收入門下相助挍對朱錫鬯顧寧人其尤也顧寧人有日知録多發先儒所未發又言桴亭確菴當婁東二張盛行之時獨卓然以實學自勵不肯隨聲附和桴亭上馬撫臺

二十四欵皆切中時務

胡敬齋集三卷目錄自第五葉後缺疑其書尚不止此查焦弱侯經籍考不載此書卷首有門人鄱陽余祐序其第一篇奉于生書託其於京中尋程子遺書朱子語類伊洛淵源晦菴文集等書噫先輩於書亦得之難如此

冀王言明季人之文初宗六朝繼與嘉定四先生友然後歸於正而四先生之文則本于歸震川葢震川一脉

獨傳於嘉定而及於虞山也震川墓誌係唐叔達筆託名于王文肅初文肅欲自作數日不成卒使叔達為之冀王又言黄陶菴每在神前以三事自誓不妄取不二色不談人過其館于京寓内也時張公國維巡撫吳中取陶菴觀風第一張公至陶菴所請與相見甚歡時適有一千金之事求一人為言于張公者其人適别有一事干張公不便又言勸陶菴言之陶菴堅不肯其人不得已索太翁一書與之曰子言此則我甘旨之奉有餘

孝莫甚焉陶菴卒不肯曰不可破我不妄取戒既第後不肯干瀆有司太翁每以家貧為言卒不能移其意蓋其誓于神前者皆能力踐其言又言明季士大夫相聚上者言道德次者論文章最下寧可涉聲色無有及於貨利者余言陶菴之學閒入於禪翼王言陶菴本從濂洛入門後喜静坐又喜閱壇經諸書因不無夾雜又言此事是非誠難辨在江寧得學蔀通辨乃始知之又言魏環極言孫北海諸書以考正晚年定論為第一又言

嘉定前輩之書嚴永思通鑑是一好書雖有云温公通鑑有資於治者取之無關于治者略之今嚴書所詳温公非不知之乃其所不取者也然嚴書亦不為無益又言徐九一雖溺於聲色而晚節甚好宜其有子昭發名枋也

吴淞江之白鶴港南有宣聖衣冠墓讀其碑乃孔子四十四代孫禎仕隋為蘇州刺史因家焉而以宣聖衣冠葬於此循其墓道過一小橋橋北即先師廟先聖及四

配皆塑像左為啓聖祠祠有孔子周流列國圖右為子之燕居有吳道子畫聖像石碑二廟後即先聖衣冠墓墓後有書院守祠僧聖歸居之僧云道子聖像碑其大者相傳為徐文貞家摹刻亂後埋沒於瓦礫中康熙九年移置于此其小者相傳為松江顧氏家物則在此已久又云塑像先是萬歷時陸古堂倣闕里像為之歲久圮壞今年八月邑中士大夫改塑以舊像為不文俱從改易然失其真矣陸古堂即纂廣輿記者

舟中看山曉閣明文選見曾異撰弗人送劉漢中教授
廣信序云信州鵞湖古朱陸辨論同異處也自弘正以
前則朱勝隆萬以後則陸勝嘉隆之間朱陸爭而勝負
各半說得明白然曾意却是要調停于朱陸之間曾又
送林守一序云使司馬子長而與人交必不能成史記
其意謂必目中無人獨往獨來然後其氣無礙而能著
作此不成議論又曹峩雪賀施存梅八十序十分回護
謂昭代奄豎之禍三為振為瑾為忠賢而忠賢為烈頌

功德如莽迫帝后如操私人典兵室有藏甲如產祿南北軍文貞文定不能尼振文正文恪不能尼瑾如揚方沸之羹而欲澹灑之以仙掌之露勢所甚難為時計者獨有抽薪一法耳自寅秋膺簡命緹騎不復出詔獄之威亦稍殺止則以曲逆之沉思運仲弓之妙用委蛇調劑師既不言世亦不得盡知不然一跌而為蕃武再跌而為訓注往事可鑒又何幸焉噫存梅所處何時所居何位所行何事可以抽薪兩字塞責耶共閱倪鴻寶黃

石齋文湛持陳明卿譚友夏章大力羅文止艾千子張受先文數十首惟千子宋史禮樂志論差為有用文字金正希文嫌其多衰颯之氣張天如文頗精實而氣多滯有陳弘緒號石莊者文氣甚爽未詳其為何人陳卧子平内盜議頗佳田一儁羅念菴祀田記李維楨告信陵君祠文俱可人意于慎行與司寇邱公論江陵事書最是有關係文字馮琢菴寄山陰王相公書伍容菴上首輔書是有用之文陳眉公袁石公等書俱纖細無足

取又馮琢菴文昌閣記云今祠家多援周天列星而以人事之取斗四星圖繪其象而謂之魁指戴筐六星為縞衣素舄青童白馬而謂之文昌夫以懸象著明列宿之次乃能下而與人通其言語文字聽其鐘鼓管籥饗其牲牢酒醴此其說宜儒者所不道最足醒人

程孟陽耦耕堂集纖細無可取

常熟志修於嘉靖己亥平湖馮汝弼作縣時也查有明一代人物當以吳訥為第一傳稱其非聖之書不讀文

非關於世教不爲所著有小學集解北溪字義等書永樂時人其所著尊經閣記發明朱子子游祠記甚明朱子記中引隋書儒林傳序南方之學得其精華及荀卿非十二子篇媮儒憚事無廉恥嗜飲食是子游氏之儒雖引之而不明言其所出得訥記而愈明訥云荀去子游幾二百載其時弟子鄉人或狃于習俗遂議及子游故朱子云云修志者邑人鄧𣪍

古微書者華容人孫瑴纂古讖緯之書而自附以論解

偶撿其一段頗好曰三墳以伏羲爲燧人之子矣鄭元六藝論又謂遂皇之後歷六紀九十一代至伏羲皇甫世紀云女媧氏亦風姓伏羲之妹也譙周古史考則云遂人次有三姓乃至伏羲伏羲次有三姓乃至女媧鄭元以大庭氏爲神農之别號而譙周以神農炎帝非一人自神農至炎帝一百三十三姓羅泌路史至以爲軒轅之前别有軒轅而有巢之上更一有巢何上古之多茫冥也夫以帝王至貴而隱泯沓汩猶若此而況於後

世一介里巷修名者其孰為表而傳之使聲施不朽哉見張爾公四書大全辨大約好因史以証經此其所長而多翻朱註非純正之書也比之見聖編則較斂然才又不如内引陳幾亭則稱嘉善陳氏引譚梁生顧麟士則稱或曰

齊東野語係南宋周密字公謹所著内有辨復覆伏三字音義一段甚好曰復覆伏三字音義相出入易於混亂今各疏于左復有三音房六切者復歸之復也字書

訓以往來是也易卦之復毛詩復古復竟土語言可復
也克己復禮皆是也易註云還語註猶覆與詩為恢復
之復其義一也扶富切復又之復也字書訓以又是也
書復歸于亳詩復會諸侯語復夢周公則不復也及復
見復聞之類皆是也芳六切與覆同音者反復之復也
易乾象贊反復道也釋文芳六切本亦作覆是也覆亦
有三音芳六切者反覆之覆也字書訓以反是也中庸
傾者覆之註敗也與易反復道也之復音同義異數救

切者覆幬之覆也字書訓以蓋是也扶又切者伏兵也左傳君為三覆以待之是也伏亦有二音房六切者伏義之伏也字書訓以伺也匿也隱也是也三伏之伏及伏義伏生赤伏苻皆是也扶富切者鳥抱卵也莊子越雞不能伏鵠卵及後漢大丈夫當雄飛安得雌伏皆是也前五行志元帝初年中丞相府史家雌雞伏子顏云房富反用字者不可以不辨焉

王元美望太湖詩云青天不道向外生白日如從此間

沒此二句雖是形容太湖之寥廓然亦可見人之見識易局於一隅若不從太湖之外看而只就太湖中看則幾疑天日只在太湖邊上矣

江陵荅大同巡撫賈春宇曰諳達既死彼中無主爭王爭印必有一番擾亂在我惟當沉幾處靜以俟其自定有來控者悉撫以好語使人人皆以盂嘗君為親已然後視其勝者因而與之不宜强為主持致滋仇怨也此純是戰國機械以程朱處此當如何曰程朱亦不强為

主持但其來控則以至誠告之曰朝廷無成心但爾衆共推服能效順者當主之

妹壻陳耐菴好學不倦藏書甚富余為顔其堂曰萬卷嘗云窮達天也若不讀書便不識義理不識義理何以為人余首肯其言

魏永叔禧延陵書院記云漢唐之黨禍君子與小人相攻也至雒蜀之黨分而君子與君子相攻矣雒蜀之爭是君子之講學與君子之不講學者相攻也至朱陸之

黨分近日程朱陽明之說異而君子之講學與講學者相攻矣為學者各有所得力之處要歸于聖賢之道而已又蔡忠襄傳云姚江王文成公以道學立事功為三百年一人灑北宋以來儒者之恥於此二文可窺其學

孫北海禹貢山水攷其中考核亦多可據但每將他人之說與己意夾持間架不清

汪苕文鈍翁類稿有云古之君子欲進則進欲退則退未有不浩然自得者也今之君子側身遲回于進退之

際恒皇皇焉不能自主何也非其人為之其時為之也古之君子力耕以為食力蠶以為衣俛仰身世無求而皆給故當其不得志而退也畢其生可以無悶今之君子仰無以養其親俯無以育其妻子饑寒之患迫于肌膚此其時與古異矣雖不得志其能遯世長往浩然於寂寞無人之地哉吾以是知其難也讀此一段不覺為之慨然不得不令人思許魯齋治生為急一語

鈍翁類稿內有王西樵傳載其所作偽詩傳論略云近

世所傳子貢詩傳申公詩說皆僞也明有鄞人豐道生好撰僞書自言其家有魯詩世學一書傳自遠祖稷實自撰也又作詩傳託之子貢以爲張本而所謂世學者若相與發明尋有妄人依旁詩傳別撰詩說其體類小序其說與豐氏盡同惟篇次小異道生敘詩傳源流又詭其所從出云魏正始中虞喜奉詔摹石而宋王子韶開河得之其說最支離而同時諸公無覺之者郭子章刻之於楚李維楨爲序亦不一致疑惟道生同郡周應

實者著九經考異辨之特詳然徽周氏其僞亦灼然也凡古書源流存亡真贋漢藝文隋經籍降及鄭通志馬通考諸書可覆而按也漢書儒林敘諸家授受尤悉並無一言及子貢詩傳者考虞喜傳亦無奉詔書石經事獨申公為魯詩漢志魯故二十五卷說二十八卷隋志明言亡于西晉安得至今猶存耶此書本不足以欺後世而姚氏詩疑問引傳說與序箋遂若詩傳果出子貢之手者按西樵氏論最有功於詩汪載之集中亦最有

見余向固疑之然未知其出于豐坊也

又云公伯寮親與七十子之列而敢于毀季路邢和叔本程門高弟而遽誣宣仁以附紹述之說比例固好但寮雖史記列弟子中而家語無之未可定為弟子也即使果弟子矣或在七十人之外而未必在七十人之内即使在内矣而或在執贄以後叛其師友或在執贄以前未聞聖教皆不可知古事遼遠難以臆斷也

讀張文潛集喜其論漢曰文帝之所以裁絳侯者乃所

以深愛之宣帝之所以寵霍光者乃所以深害之論德宗曰德宗先討田悦是先攻其堅故天下亂憲宗先平元濟是先攻其易故天下定又論魯仲連曰孔子請討陳恒不可則止仲連以布衣而出身救天下之患此墨子摩頂放踵之學論吳起曰起從事於法而不知權此主少國疑衆情未信時之所深忌子產所以欲焚載書論商鞅曰善養生者和其血氣平其心志有賤丈夫焉不能忍歲月之勤而急其効于耳目之前于是服毒石

餌惡草以激之方其効也剛壯勇力倍於平時然不過數年而遺毒餘孽潰裂四出一日皆作而不可制又喜其譏司馬遷之反覆詳敘聶政荆軻竇嬰灌夫之事又論邴吉曰虜入雲中詔問丞相御史以虜所入郡御史不能對得譴責而丞相能具知見謂憂邊思職夫吉之能知馭吏之力也吉當曰臣與御史等耳臣之僕有先白臣臣是以知之此其為能豈獨憂邊思職而已哉吉脫宣帝于死能絕口不道獨貪一馭吏之功殆必不然

傳曰思則得之不思則不得也吉未之思與論趙充國云武帝戰匈奴之强而不能引匈奴於弱而後戰唐太宗知頡利之方强雖足以勝之而未可以無患故與之臨渭水而盟其後李靖以孤軍而功過於衛霍之百戰惟揆其時故也勾踐與范蠡謀吳勾踐不能忍而欲發也數矣蠡獨不可至稻蟹之變而遂起而不疑此即充國之法也論李郭曰李光弼治軍行兵出郭子儀之右而當時諸將皆望風伏子儀子儀能使吐蕃為父而史

思明乃上書請誅光弼大抵光弼之實不及子儀之名子儀安坐而有餘光弼馳驟而不足余嘗思其故讀史思明傳見光弼使烏承恩潛殺史思明事而後知李郭之優劣蓋子儀之為人至誠不欺主于忠信其胸中洞然大人也故靜則人安其德動則人伏其義光弼則市井之智盜賊之謀有時而用此於伏人之道小矣漢高僞遊雲夢雖能執韓信而信之反心自此生矣當此時高才智士亦有輕其君之心故英布貫高之徒繼踵而

起此非伏英雄之道也按文潛之論李郭最正然其論治術則引老子曰將欲翕之必固張之將欲取之必固與之天之將寒也不以霜雪為之也金石裂土山焦者所以為今日之霰雪也天之將暑也不以蒸鬱為之也震風積雪者所以為今日之炎烈也故聖人未有不尚乎術也此則蘇氏之餘習大抵聖人言術必歸之道蘇氏之徒言道必歸之術

三魚堂賸言卷十一

欽定四庫全書

三魚堂賸言卷十二

監察御史贈内閣學士陸隴其撰

性理朱子論讀書法曰書只貴讀縱熟看過心裡思量過也不如讀讀來讀去少間曉不得底自然曉得已曉得者越有滋味某舊苦記文字不得後來只是讀今之記得者皆讀之功也又曰讀書之法循序而漸進熟讀而精思愚閲此不覺爽然向來正病在思之功多而讀

之功少所以學問不能長進何可不自勵

張瑤山論做詩云後生纔得科第去學做詩做詩何用好是李杜撒下許多好人不學却去學醉漢此等議論大有益學者

張江陵作呂豫所諱調陽墓誌云公為人外溫而心辨中發而貌和於事吶吶不輕為可否於人恂恂不茍為異同嘗曰大臣協心體國茍利社稷嫌怨共之政本之地斷斷而爭如國體何世儒嘐嘐猥小曹參而卑丙吉

然則虞廷云寅恭者非耶按江陵之贊呂公者如此而其身則殊不然蓋呂公之為人亦非中正之道也　讀其辛未程策論治不主更張而主綜核綜核二字是江陵本領乃惡更張而遂病孟子之法先王而取荀卿之法後王則過矣

閱戚咫叔所作韻法至論縱有四聲橫有七音之說似是而實非謂在樂五聲二變為七音若喉舌唇齒之音即止於七亦與樂之七音風馬牛不相及也夫十二律

者聲之有定者也宮商者聲之無定者也令以一字而高下之則十二律殆幾乎徧律尚不可定而可定其為宮商乎且玉篇韻會及陳獻可其分屬互有不同其為牽合無疑此論實聞所未聞又相與面論三十六字母宜删者六宜增者二十有八合之得五十八母切韻指南等書不知聲之有母非三十六字之可統也故有音和類隔等門展轉葛藤又云部子不用見溪羣疑等母而以他音一百五十二為母此是振古人豪之識但聲

音之數則實無如是之多也若獻可之韻雖云本邵子實不用邵子之法又云從來韻譜止為詩賦限韻而設原非審音而分韻元尚聲律而周氏之韻出一釐千古之訛洪武因之又云自唐以前之詩必以律呂調之而始可合樂至詞曲起則律呂即在詞曲之中矣　辛酉十一月閱邵子書知以律呂配聲音亦是借説非樂中之律呂

真西山集有葉安仁墓誌銘云葉名湜字子是建安人

為安仁令以循吏稱子采末云世遠道散為政者獨狗
其人鬼魅其俗以為非嚴法峻刑不能服而朝夕所治
者敲朴以聚財而已其聞義利先後之説鮮不姍笑以
為迂濶而君用之於治邑不期年閒其效章灼若是然
則古道不可行於今斯民不可以理義化其又果然與
又言君壯歲游文公朱先生之門得以直養氣之説故
其為人磊落明白無所回隠愚向讀葉采近思録註不
知其人觀此知采之學有自來矣

西山集史彌遠乞歸田里補還服制不允詔曰大臣之義與衆庶不同多事之時視承平亦異夫既任安危之責則當權輕重之宜其他賜彌遠詔尚多皆極其贊揚至云羣材彙進蔚有慶歷元祐之風公道砥平浸還乾道淳熙之舊西山亦不幸而處此時哉

嗣開叔祖言法不可輕變所變之法雖善而小民未必通知則胥吏反因以生奸非數年之久不能得其益又言人之奸弊當預防之不可使至于甚至於甚而後治

之則所傷實多

宋崑友言我輩當隨處體認天理亦當隨處培養人材

閲崑友謁劉青田祠詩跋云向聞先生埋金以遺子孫凡有發掘處相傳以為美談余心疑之誠如所云則管華之不若矣何以為先生及至栝蒼寓城東張賓朋家備悉青田軼事如埋金發掘俱正統時巨寇鄭諫胡陶得二子孫所為假先生以欺世爾愚按此為青田表白不可不知

臨川四先生止艾東鄉天傭子集中有有用之文泊小貞借宿於蘆花菴菴臨泖濱僧心遺指菴前之泖云此為橫泖其自泖塔一直上南者為長泖二泖相並其又南則為圓泖蓋即五舍泖也泖字在篇海字彙皆音柳其字始見于陸機對晉武帝之言愚因僧言思所謂三泖者乃陸機一時之言以其傍九峰言之耳若夫五舍泖之南有小泖以及泖橋以南之泖皆不在三泖之數也　又泖塔僧漢輪云青浦北捍山有橫泖為三

泖之一在泖塔東北泖橋以南者為長泖此說近之

途中看車箱兩旁下又釘一小橫木中間鑿為半月形含軸其中亦有於小橫木下為兩足以含軸者此即考工記註所謂伏兔也又疑車箱四旁木皆謂之軨如今蘆席四旁有邊者亦謂之軨當再考

呂涇野送黃廣東序云今之聽獄也速判結以為神空囹圄以為静遏告訐以為威習左右以為寮妻屬吏以為體納請謁以為通久淹禁以為慎法是以不中而民

是以罔措此數語可為炯戒

涇野浩齋詩敘云自孟子後漢時董汲陳郭諸賢似能行而未盡明隋唐時王韓陸李諸賢似能明而未必行趙宋周張二程馬邵諸賢似能明且行矣而未至此數語說得好又送汪希周序云凡官省下者率知獲上而不知治下知勤簿書而不知勤農桑知信吏胥而不信閭閻知奔走司院而不知行阡陌官是以日遷而民是以日敝此數語形容俗吏最精

涇野又有云學士君子者將以治國平天下者也當其未仕之先所宜急者莫有過於身家身家理而國天下不難矣然而學士君子往往舍其本源巧藝以謀進多術以干顯後雖有國天下之責莫從而理也此一段最中學者之病

驗祭品中有黍稷稻粱粳五種粱係高粱稻乃南方之粳米粳乃南方之糯米黍稷同一種但黍黏而稷不黏獨不用小米吏云前任丁去之想必因祀典上止有黍

稷稲粱煁子疑今北方所謂小米乃是稷所謂稷乃是黍之不黏者耳故府志云土人謂飯黍為稷存之以俟知者其以糯米為粳此必是吏之偶誤

馬夫以穀數種來看其所謂穀子者有紅黑白三種黑者粘其所謂黍子者有紅白二種皆粘而指庭中所産似黍者則謂之稷子又有一種其穗似狗尾草者則謂之粱穀其種最貴蓋是粟之別種

行鄉飲酒禮思古禮舉觶在賓主獻酢之後今在賓主

獻酢之前恐未是又思今之用湯即古太羹之意用茶即古元酒之意

湯潛菴黜淫祠疏當與會典祭厲文同看一是不侮鰥寡一是不畏強禦君子之詩幽明一个理

羣芳譜係新城王象晉所輯亦不為無用然考草木而不甚引爾雅及漢唐註疏覺少源委如指飯黍為稷及將鄭風之荼與邶風之荼看作一物皆是踈處

閱呻吟語問治人之道曰無忿疾於頑竊思頑是最可

忿疾者千態萬狀他反要來愚我謗我我涵養稍不足
忿疾便生

一友作生日詩云鐵漢有身經百鍊金人無口學三緘
二語最好然未易言不善鍊者只鍊得世情不曾鍊得
道義不善緘者只緘得當言的不曾緘得不當言的

看夜行燭思此書篇名多淺俗蓋必月川先生因其父
之所問以名篇可見納約自牖之意而月川先生一團
誠意如春風之隨處充滿有隙便入亦可想見小學是

古方夜行燭是因病加減之方

戰國策一書只應列在諸子算不得史

朱子諸封事人但見其一味正直然其中仍有一段忠厚和平之意在所以後來雖危而不至於嬰禍

閲潛確類書見其載滹沱河滋河絶無源委真是無頭學問又太史公律書言卯之為言茂也此書乃引之以証三泖之泖尤誤按泖字疑本作卯因在正東而言晉人疑此為東江非無謂也後人於卯旁加水耳蓋三江

婁淞皆在東北惟此在正東

本草載陶弘景云佛書稱乳成酪酪成酥酥成醍醐可以悟學問已精益精之境

陳端伯言劉誠意未嘗講風水皆世俗附會

唐夢賚言青城童子八歲能知未來事未幾童子病病愈不復能有所知一鈍人耳邵子昆言有人生而能言其前生事余因憶樗林隨筆中有一條言人生而能知其前生後不復記憶者是有物憑焉此最足破愚俗

范浚蘭溪人即作心箴者今有香溪集尚存

向疑通鑑纂本載潘氏總論不知其為何人今見婺源志文苑內有之字伯誠但鑑上多稱陽節潘氏志則稱節齋

錢塞菴名士升少受業於顧涇陽嘗手輯涇陽十書其居喪最盡禮以家禮所載與朱子平昔議論多異同作家禮考証一編二書惜未得見

偶閱大學衍義補歷象法二卷即卲瓊山取詩十月之

交注而不取堯典天與日月皆左旋之注蓋瓊山亦未知二說之一也

三魚堂賸言卷十二

總校官編修臣朱鈐
校對官中書臣盧遂
謄録監生臣許祖悅

圖書在版編目（CIP）數據

三魚堂剩言 / (清) 陸隴其撰. — 北京:中國書店,
2018.8
ISBN 978-7-5149-2061-1

Ⅰ. ①三… Ⅱ. ①陸… ②陳… Ⅲ. ①哲學 – 中國 –
清代 Ⅳ. ①B249.9

中國版本圖書館CIP數據核字(2018)第080079號

四庫全書·儒家類

三魚堂剩言

作　者　清·陸隴其 撰
出版發行　中國書店
地　址　北京市西城區琉璃廠東街一一五號
郵　編　一〇〇〇五〇
印　刷　山東汶上新華印刷有限公司
開　本　730毫米×1130毫米 1/16
印　張　16
版　次　二〇一八年八月第一版第一次印刷
書　號　ISBN 978-7-5149-2061-1
定　價　五八 元